여자인 여자와
결혼할 참이다

여자인 여자와 결혼할 참이다

초판 1쇄 발행 2023년 09월 01일

지은이 김병태
펴낸이 장현수
펴낸곳 메이킹북스
출판등록 제 2019-000010호

디자인 최미영
편집 최미영
교정 안지은
마케팅 김소형

주소 서울특별시 구로구 경인로 661, 핀포인트타워 912-914호
전화 02-2135-5086
팩스 02-2135-5087
이메일 makingbooks@naver.com
홈페이지 www.makingbooks.co.kr

ISBN 979-11-6791-418-7(03810)
값 13,000원

ⓒ 김병태 2023 Printed in Korea

잘못된 책은 구입하신 곳에서 바꾸어 드립니다.
이 책의 전부 또는 일부 내용을 재사용하려면 사전에 저작권자와 펴낸곳의 동의를 받아야 합니다.

* 표지와 내지에 Mapo금빛나루, Mapo마포꽃섬 폰트가 사용되었습니다.

메이킹북스는 저자님의 소중한 투고 원고를 기다립니다.
출간에 대한 관심이 있으신 분은 makingbooks@naver.com으로 보내 주세요.

여자인 여자와 결혼할 참이다

김병태 시집

메이킹북스

1

나는 여하튼 사랑하고 결혼할 참이다
여자인 여자와 사랑하고 결혼할 참이다
복잡한 세상이 되어서도
남자인 남자와 눈이 먼저 맞아서
나는 여하튼 여자인 여자와 결혼할 참이다
아까운 세상의 사랑 관계도
안타까움을 즐겨 보인 절실함에도
나는 여자인 여자와 사랑하고 결혼할 참이다

2

너무 높은 데서 하강한 물체들의 바퀴자국
이 낮은 곳에 어인 일로 머물렀는지
그러나 한때 내가 지나온 길로 유숙했던 곳이다
스스로를 낮춘 눈빛이 익은
모습의 단정함이 남았다
나는 여하튼 여자인 여자와 결혼할 참이다

3

나를 어렵게 놓아준 산골 시내버스 대합실은
늘상 벽에 붙은 저녁 햇살에 취기 오른 허튼 발걸음은
어디로 오는 길일까
내 차례의 탑승을 기다린 줄에서 익숙할까

만남이 그 오래전의 디딤돌이 어디에 있을지 모를 물속
거기 반짝임이 있어
나는 코엑스에서 민무늬 시계를 샀다
그럼에도 여전히 사람으로 보는
나는 여하튼 여자인 여자와 결혼할 참이다

*
4

도시의 빌딩을 110동 아파트가 석양을 반이나 가렸지만
노을빛 번짐이 아이 아파트 끝 지점까지이었다.

*
5

저녁, 그리고 주말
자동차의 소음 이 도시의 여백을 채운다
놀이터의 여아들의 높은음의 외마디
웃음을 대신하고 노래를 대신했다
그 길로 내 앞으로 지나는
화장품 내음 여리게 꽃내음으로
나는 여하튼 여자인 여자와 결혼할 참이다

*
6

밤의 물결이 있는
새로움과 함께 보는 젊음의 거리를 두고
나는 멀리서 신축한 병 모양과 시름한다

빛깔 둘레의 칸막이가 이쪽 편에서는 병이다
아파트 벽면에 아롱진 무늬에 말을 걸었다
외로움에 장식된 것은 삭제되었다
늘 외롭게 누운 깊은 잠
사랑이 옆에서 깨워도 못 일어나는 생각의 무게에 머리를
들지 못하고 이국인의 짧은 코 모양도 한때 누구의 사랑이었을
그를 지지하던 불빛도 더는 문틈 사이로 숨는다
이제 하나의 일관된 거북 모양은 흐릿하게 창을 밝히고
이를 지지하지 않는 불빛은 돌아앉은 형상을 한다
둘은 같다 하지만 내용상으론 지지하지 않는다
서로가
여기엔 여자가 뒤에 있다
병에서는 향취가 있는 불빛으로 바뀐다
가미하지 않는 떨리는 목소리의 본말
그것을 기억해 냈다.
여하튼 나는 여자인 여자와 결혼할 참이다

7

일찍 든 잠이 깨었어도
내가 여전히 그리움으로 불러온 이름
새까만 어둠에서 나타난 음성
나를 관련 짓는 밤
아직 사랑을 말하는 편은 아니다
더 어려운 아침의 표현으로 마주쳐 온다
밤이, 그런 밤이 있었기에 가능하다 서로를 기다려온
나는 그런 점에서 마음을 가진다
그는 자신의 이름 안에 놓인다

내가 불러준 대로
더 이상 알 수 없는 밤의 거리(m)에도 내 품에

*8

모든 제한되어가는 그 밤의 하늘 거기에 뭇별로 가득히
유년의 빛깔과 잃어 갔던 유일한 당신의 심장 소리가 있다
그 하늘 지금의 나의 페이지가 되었다
꾹꾹 눌러 쓰지도 않고 나의 영감으로 받아쓰기도 아닌
나는 마중 나간다
이 현실적이지 않은 것에서
내 노래가 있다
밤의 창을 열어본다
새까만 드레스 그리고 실루엣
춤과 노래로 내 언어에 들어와 있다
내가 주지 않는 욕설로 된 고백을 잃었다
여하튼 나는 여자인 여자와 결혼할 참이다

*9

죄란 부끄러움으로 덮을 수 없다
그 눈으로 열어 보인 것들
첫째는 사람에게 굴욕당하는 언어의 외침 앞에 열(리)려지는
문들의 영상 그 헛된 것이 걸음을 딛고 나간다
이름을 얻고 그대 앞으로
그대는 그런 나에게 '저'라고 한다
아직 우리 세대에 머물러 있는 여인으로부터

거기에서 하나님이 죄의 모습인 나를 모르실 리 없다
나를 보셨을 그리고 아셨을 분으로
음침한 골짜기를 지나는 우리를 발견하셨다.
내 부끄러움이 거기에서 한계이다
부끄러움 위에 앎을 덮었고 은혜가 있었다
또 뭐가 있지
나의 부끄러움은 자유를 얻지 못하고 포기 당한다
둘째는 이 부끄러움의 책임을
회피해간다 앎이 있음으로부터의 실재의 확인과 삭제의
버튼을 누른다. 거기에 메모가 되어 있었다
청춘의 삶으로 돌아간다
현실을 외면해 본 적이 없는 나는 조금씩 망각되고 도약한다
어제의 그 지점이
내가 외면했거나 외면당했다고 여겼던 가벼운 마음의 바람
은혜의 빛이 아파트 숲 위로 번진다

**10

아침을 밝혀본다
밤의 구석에 내가 거기 있었던 자취를 그리고
밤이 되었다
내가 거기 있었고 당신은 사랑이다
죄의 눈을 뜨고 당신을 보지 않았으면
여전히 사랑의 눈으로
내 책임 안으로 불러들일
여하튼 여자인 여자를 나는 사랑하고 결혼할 참이다
가장 중요한 이야기가 밤의 빛으로 덮였다
나의 죄

그리고 사랑을
여자인 여자를 사랑하고 결혼할 참이다
죄는 우리 마음에 시간과 구르고 굴러서 마모되어가고
사랑은 그 처음 모습으로 우리 마음에 구르면서 자극한다
마모되지 않는
반대일까
모기가 등을 물었다

11

메모를 쓴다
우리의 형상은 하나씩 탈출구 없는 위가 막힌
원통 안에 갇힌 채 버팅기는 모습이다.
떨어지지 않으려고 팔과 다리에 힘을 다해
그곳에 갇혀 있으려고
이 아침은 기대하게 한다
아직 꿈꾸는 이의 힘이다
누구에게는 사랑을
이제 죄라는 것에서 조금씩 결별하려 한다
사랑의 언어를 그대 앞에 물어다 놓는다.
모든 이가 없다 하는
그 길을 건너고 필경 죽음에 다다라서
내 원수의 앞에서 상을 베푸실 그 언덕 너머
내 원수들의 앞에서
죄의 발고자들 앞에서
내 죄가 성립된 양심이 원통에서 발견된다
그럼에도
내 원수들 앞에서 사랑을 회복한다

높은 곳에서 홰를 치려고 하는 헛된 음성들
내게 돌아온 사랑의 평화
그 길을 건넜다
사망의 음침한 골짜기를 사랑과 함께
사랑과 같이 그 길을 건넜다

**12

사랑은 우리 안에 구르고 마모되지 않은
우리의 노래
한 우울한 겨울의 하늘빛을 노래하는 시인을 찾았고
거기로부터 돌아선다
우리의 노래가 되기엔 다르다
다만 사랑을 아는 이의 노랫소리를 따른다
새벽에, 대체 우리는 누구길래
사랑이 될까
서로의 대상이 되어서
아침을 연결하는 거미줄의 끝이 바람에 날리더니
숲에 걸린다
거기 쌓아 놓은 집들이 있다
거기로 아침이 온다
멈춰진 시간이 어느 순간 물러나고
내 안에 불러들인
여자인 여자와 사랑하고 결혼할 것이다

**13

나의 과거의 사랑이 지나갔다.
술에 취하지도 환각도 아닌 일상으로 그대에게 흔들린다
같이 먹고 마실 잔치의 이야기
밤으로 건너온 사람들의 소리가 엿들린다

**14

낮잠에 들린
유월의 방낮에 나온 별은 쟁취 곧 얻는 자의 근성으로
밝혀 오는 가득한 눈두덩 위에 환하여진 일상을 걷는 꿈
내 안에 여전한 당신을 경배한다.
예배가 있던 날의 나를 따라 온 흠결을 뇌리에 비추었다.
나는 그것에서 벗어난다.
숨 가쁘도록 경멸하지 않던 당신은
이제 옷자락이 닿는다.
거짓된 것은 또 다른 음성이 되었다.
더 이상 지탱할 수 없는 것으로 속였기 때문에 사라진다
이웃의 애완으로 키움이 된
더러운 영이 무릎을 꿇었다
그토록 염원하던 방향을 잃고 사라져간다
그녀를 훔치던 습성까지 갖춘
도덕을 가진 비난의 용어도 사용했다
마귀, 사악한 이름을 불러내던
유월의 방낮에 사람 없는 주의 날
저 너머 성화의 모습으로 기다릴

우리의 구렁텅이를 메우시는
예수님 당신이 보였다

15

사랑 때문에 죽으셨던
내 인격이 여물어 가는 당신으로 향한 길
촘촘히 배웅했던 길 위에 갔다
사악한 영은 허탄히 목소리를 돌려받고 인식하려 한다
부서진 형체는 공중에 언어의 목줄을 꿰려 한다
커피를 마시려 한다
뜨거운 걸로 유월의 눈빛을 보며 취하여 간다
과거엔 사다리였을 계단으로 올라 집을 향했다
메트로가 있는 나의 현재를 떼놓는 연습을 계속한다
어디로 가든 그 길의 가지와 가지를 움켜잡은
약간의 흔들림을 경험한다
날 수와 동일한 시간이 흘러야 한다
여하튼 나는 여자인 여자와 사랑하고 결혼할 참이다

16

엉뚱하게 사라질 뻔한 얼굴이 남고……
이겼다
나의 믿음을 옮겨 적고 긴 시간을 돌아온다
많은 구름이 있는 하늘의 웃음
내일은 달라지고 또 달라진다
깊은 암묵의 시간들이 대화를 구성하지 못했다

빌려온 사랑의 용어도 버리고 단어들을 따라간다
사랑, 당신의 자리에서
거울엔 내가 나타나고 그 눈으로 보려 한다
나에게서 당신이 나타나
오랫동안 나를 보아 두려던
거기에 당신이 나타나기를 바랐을 눈에 익은
첫눈에도 알 수 있는 귓가에 노랫소리가 있는 여운

✱✱ 17

초승달이 있던 하늘엔 별이 달을 따르고
단오 지나고 오월 열흘날
달이 가만히 별을 따른다
하늘 구름에 싸여서 그리고 보았다.
달빛을
마음이 동하여지다
내 방 처소에서 별을 따르듯이 달을 따르듯이
받아 적은 음성들 사이에서 늘 나의 편으로 있어준다
아주 오랜 언어로 쓰였다
그대 입술 가까이서
여자인 여자와 결혼할 참이다

✱✱ 18

문을 열어 줘
늦은 밤
내 마음의 말을 듣고 누운

단지 나의 이야기를 베껴 쓴 임의의 재미
긴 시간 이어져 온 아무것도 할 수 없을 때까지 따라해 본
그와 그들의 목소리의 경계를
내가 넘겨본다
문 열어 줘
열정으로 또 열정으로
문을 열어 줘

**19

나를 향하여 원심력 안으로 이끌어 들인
서로의 유혹이 되어도 제자리에
나의 사람들

**20

밤의 이름들
그걸 아직 모른다
없는 것들을 찾으려 했는지도
그걸 아직 모른다
숲 위로 바람 같은 늦은 아침의 빛살이 불고 덮여서
아파트에서 탄천으로 이어진 먼 날의 숲으로 복구되려 하는
신록과 황금빛을 쏟아버린 자유
이 여름의 월남치마의 오래된 유행을 입고 있다.
그때는 숲에 사람들로 가득했었다
나만 남은 것의
원래 혼자의 품을 가진

도시의 숲으로 녹색의 펜을 들었다
빌딩 아래
아파트 모서리에 꽃들로
가득 채운다
숲은 장래에 사람들 집을 덮고도 남을
또 다른 정복자
사람이 없어진다고 할 때
누군가는 남아보는 우리의 거처 속에서
숲의 바람소리에 깃든 과거의 스치운 기억으로 될까
사람의
거기에 어디쯤
지정학이 아닌
언어의 창고들은
나와 당신의 흔적
몰입했던 나를 가르쳐 집착이라고 내동댕이쳐질
말은 그럼에도 말뿐인데
사랑의 조언도 힘을 지닌 그저 바보들의 내력
여자인 여자 그 여자를 사랑할 작정이다
숲의 집들의 들보는 쇠기둥으로 채웠고
거기에서 숲들을 본다
숲의 정복자는 꿈꾸듯 아침 풍경의 숲을 본다
반복된 낱말들은 강조하거나
대체할 수 없는 내가 당신에게
당신이 내게 하여 남은 귓속의 이야기다
아침
술에 흔들린 저녁의 감성은
아침에 이야기했다.
숲속에서 바람꽃의 떨림으로 이제는 그 길로 가지 않는다
18개월이면 복귀해야 할 시간에도 내가 머문 것은 너무나 작은

모양을 가진 숨겨 버린 말 속에 다시 숨겨졌다

21

밤의 이름들
그걸 아직도 모른다
갑자기 열려진다
눈 안에 들어온 그리움들 한결같은 머릿결
밝은 또는 맑거나
풀어진 채 흐리게 보는 아가씨
감추인 것 없이 내가 투명해질 때까지
투명한 욕설로 반겨온 사랑
근처에서 보아온 그 집 같으나
같이 욕하라는 한마디의 변명

22

그녀는 볕에 그을린다
직업이 이동의 불빛에 서기도 한다
누구의 일이었을까
이 진행된 일
삶이 현실에서 일상이 되고
내게 다시 목소리가 된다
혼자서 저 짓에
키스 소리
그놈이다
사람의 마음으로 들어온 간자

도덕으로 구슬리고 공격하던
찔긴 똥은 똥 아이가?
그런 어투로 모든 일을 동일시하고
확대경을 갖다 댄다
그만한 무더기로 보이게
역시 내 사람들이다
행복을 회복한다
비록 사람 형상을 한 그놈이 인격을 얻으려는
그 바람에
어디인지 출처의 감이 가는
그 바람에 말을 쓰던 사람들 쪽에서 나왔다

**
23

인격과 개인의 출처가 없는
헛된 망상에 태어난 그것에 귀를 기울인다
그놈의 이름을 알고

**
24

나는 따뜻이 잠결에 그녀와 입맞춤한다
현실 여기서 거기까지의 거리(m)가 얼마일까
둥실 떠오른 이름이 있을 텐데
구석에서 독백으로 주절인다

**
25

내가 이겼다
늘 바둑의 모서리 부분을 두고
무관심했던 그 자리에
공격당하여 따낸 그 자리
그곳에
나도 때려낸다
내 자리 안에 그리고 이겼다
여하튼 여자인 여자와 사랑하고 결혼할 참이다

**
26

헛되게 인쇄체를 발췌해 한 석 장 끝에
얻어낸 그대 이름으로 시작한다
나는 그대와 사랑할 것이다
숨김의 영역에 들어간
내 세계는 점점 열리고
그대와 나는 숨을 데가 없다
더는 내 생각을 숨길 곳이 없어
그냥 두려 한다
있는 그대로의 과거
응
그것이 그렇게 내 앞에 나타나고
나는 과거의 사람으로
현실 앞에 심리를 당한다
염색체가 없는 형체들로부터

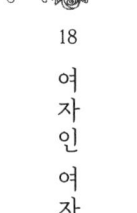

나는 고유한 DNA로
다시 한번 결전한다

27

나는 이긴다
여긴 내 생각의 구역이다
출처를 안 과거의 긴 목들이 담을 넘겨다보고
그러나 여긴 내 방이다
그래서 이긴다
아주 생소한 곳에서도 여전히 생각들이 흩날리고
형상이 눈앞을 밝혀도 이긴다
마귀로부터 온 밝힘이고 죄의 나열이다
사랑도 그런 식의 빛으로 쪼인다
그녀는 한사코 내 편이다
동일한 과거를 가지고 매듭을 묶는다
나는 거기서 나왔다
여기라는 지금이라는 지점이 되는
그녀는 나의 즐거움이다
키보드는 피아노 건반이 된다

28

나의 노래다
어디엔가 멈춰질 노래 앞에 춤을 춘다
사랑이 나의 길로 이만큼 오게 했다
나는 키보드를 마지막 연주같이 친다

검은 글씨가 뚜렷이 박혀 새겨진다
나의 춤 위에
여하튼 나는 여자인 여자와 사랑하여 결혼할 참이다

29

너는 이겼다고 벽 너머 중얼거리며 확신하지만
어디로든 갈 수 없는 궁지에 몰린 안타까운
더럽고 추한 혼절한 썩은 내음을 풍기며
한 가지로 굴복시키려는 도덕
그런 건 새빌었다
너는 너의 도덕이
너는 너를 베지 않으리라
남에게 휘두른다
그것이 너의 무기다
사회에 갈아 문댄 날 선
너는 끝내
네 손에 죽을
그 도덕에
백정의 영으로
뒷방 여자가 있는 방으로 들어가 절치부심한
꼴을 보인
그런 세계에도 여자가 있었듯이
와신상담한 다방 의자 위에 선잠
누구의, 다수의 나타날 일을
예비하라고 보낸,
터미네이터

**
30

나는
사랑의 노래를 한다
사랑하는 자여
일어나 함께 가자

**
31

밤이 깊으면 그대는 내 품으로 돌아온다
꽃잎 같은 입술로 노래한다
내가 두들긴 키보드의 음으로 사랑과
싸움의 내음을 풍긴 싸아한 피
당신은 내게 돌아와 노래한다

**
32

밤비 내리는 소리
호젓한 산골 집 깊어가는 밤일수록
외로움의 눈물 노래
차분히 잎새 위에 내리는 빗소리는 여린 음만 남는
아파트의 높이에 절실히 헝클어져 내리는 빗소리를 못 듣다
마음 위에 젖은 안개비
아무것도 보이지 않고
아무것도 나타나지 않은 채 비만 내렸다
멀리 불빛이 헛것으로 보이는

현실에서 오는 현실의 초점 차이를 갈망한다
이 밤에
그대가 노래하는 외로움이 나에게로 온다
샤워꼭지 아래
리듬의 즐거운 빗소리
거기에 발 박자를 맞추다
드럼의 앞으로 기울어진 방향으로 속개된다
그 평면에 몸에 부딪히는 물방울 샤워
가슴골 사이로 흘러내리는
젖은 음성의 노래
나와 당신의
평면 위에 진동을 틀어쥐고 잡아채는
말발굽 소리
그 거친 콧김이 가까이 온다
여하튼 여자인 여자와 사랑하고 결혼할 참이다

**
33

문고리를 잡고 열어 본다
혹시 열렸나
남김없이 내가 다 열린다
그것을 누가 제한했을지 모른다
모두가 와 보았거나 처음이 아닌 형태로 보여진다
상자의 네 모퉁이가 펼쳐진 채
느끼는 심장소리, 그 성에 감각, 감정들이
이미 세상 밖으로 나와
내가 다 열려 스치는 샤워 앞에
그대 음성으로 듣는다

그런 나에게 당신은 내가 열어주는 문고리다
모든 자유는 여기서 멈짓한다
평면 가죽의 그 진동으로 이미 알아버린 음들
내가 가져야 할 깊은 밤
소나기와 샤워소리 그대와
내가 무엇으로 보여져야 할까
또는 내가 누구로 보여져야 할까
그대 안에 내가 누구로 보여질까
네 모서리를 가진 귀퉁이 밤
그렇게 되었다
내가 그렇게 흩날리지 않게
그대는 훨씬 자유롭다 그래서 사랑을 말할 수 있지만
나는 은밀히 일상과 생각을 부인한다
이 시작점에서 노출된다
두레박이 우물에 부딪히는 아침소리
현숙한 그 잠에 깨여
사랑에도
러브 가인지
그녀 리브가의 듣던 이른 아침이 되었다
나는 여자인 여자와 사랑하고 결혼할 참이다

✶✶ 34

사랑은 당신을 더욱 아름답게 한다
내가 어떤 좋아하는
다른 것도 아는 생각이
그대를 더욱 매력 있게 한다
우연히 긴 머릿결에서

또는 입은 옷차림에서
불쑥 한 마디로 더욱 아름다운 눈빛을 보게 한다
내게 은밀한 것을 가지게 한다
사랑이 그대를 매력 있게 한다
사랑하는 동안
그 매력이 실재로 있다
사랑이 아쉽게 마음을 잃어버린
그대를 보는 동안 하나씩 잃어간다
내가 주었던 것에서 도로 찾아가는 것인지 모른다
사랑이 없으면 아무것도 없다
나의 은밀한 것도
매력도, 웃음도 아름다움도
그렇게 기다려 온 당신을 사랑한다
여하튼 여자인 여자를
사랑하고 결혼할 참이다
첫눈에 찾아온
콩깍지가 오래도록 덮어씌운 것이 아닌
평범한 것이 그토록 아름다운 설렘이 되어서
콩깍지라면 더욱 오래도록
내가 그대보다 더욱 사랑하게 된다
그런 그대를 본다

**
35

꿈도 나의 환상이 있던 날
그들과 품속에 정렬시킨다
고요함에 늘 반전의 목소리는 뒤집힐 뻔한
깨금발로 총총이 서고

다시 원래의 자리로 복귀한다
사랑이 이름만 가지고도 우리의 형상을 불쾌히 여기는
알 수 없는 영역에서 진행되는 위력
절대 권세 같으나 우리를 놓아 준다
사랑으로 자유하도록
언짢은 관계를 일컫는 통칭으로 들려졌던
그곳의 평화
기다린 음성에 입맞춤한다
우리의 몰입된 언어 앞에서 한결같은
나의 이름과 나의 이름이 수식된 별칭으로
맞이한다. 평화의 극한 느낌이
두뇌를 받친 두 손안에 느낌으로
나를 안은 각별함
무신경 안으로 놓아준 모든 격침에서
유일하게 회상한 나의 가치를
일상화했다
그 모두가 헛된 몰입에서
당신의 근원
자유로움 속에 일상이 이어진다

✶✶
36

작은 길
그것으로 전부인 그대와 나
둘이서 위태롭게 가고 있다
단둘인 그 길이
잠에서 깨인 내가 앉은 고요함
그전의 것들은 다 헛되다

꿈같은 것들로 혼합된 사고
그 길을 만났다
하늘을 향한 열린 길로 오르락내리락하는
아이들 그리고 구주의 형체로
내가 소란해진다
보는 것이 동일한 시점이 되어
브니엘이라 했다
내가 앉은 자리
열두 방백의 자리를 채우고 기다려 온
과거로부터 얽매인 시름

**
37

내 앞으로 사라진 당신은 나의 철자를 듣는다
꿈같이 소개된 세계 앞에서 모두어진 마음인데
여기 우리의 한 과거에 머문 것 같다
이렇게 평화를 주는 것은
우리가 온 것에 그런 감정과 교환이다
영원을 약속한 것에 비틀거리다 아쓸하게 선 자리에
잠시 머물기로 한다
이 사랑을 확인하고 싶다
당신의 방으로 들어가서 색감과 문양을
아직 존재하지 않는 말들을
사랑이라는 것들의
우리 방향은 해 지는 곳으로 갔다가 다시
해 드는 곳으로 돌아온다
여자인 여자를 사랑하고 결혼할 참이다

38

우리가 벗어나 내어 민
그 낯선 곳은 어디일까
그곳도 누구의 거처라 한다
사상의 동류들이 있던 곳
그들은 거기서 잠시 동안 자유했을 것이다
없는 것을 모아서 한 뼘의 오두막 터 위에서
거기 이르지만 풀무치가 노래하는 연습장이다
그들과 같이
바람처럼 사라진 사고의 것들
우리도 비바람 속에 노출되어 있다
거기에 당신이 있다
당신이 누구인지는 현실적인 함께이다
과거로부터 거슬러 오른 잠 깨임 그리고 잠이 듦
꿈의 연속이다
거기서 오는 자유가 일상이다
그래서 우리들도 원카드의 아이들의 놀이에서 따온
같은 것을 모을 준비를 하고
낯선 것들을 반복해서 버린다
그것이 무엇인지 모른다
버려지는 것들
돌아서는 아쉬움인지
거기 머물지 못하는 게임인지
이른 새벽까치가 재촉하는 소리
약속이 있었던 자리에 가본다
뒤뜰로 해서
아무것도 아닌 유혹이다

**39

잠잠한 그대에게로 돌아간다
밤을 샌
환호의 밤을 끌어안고 잠이 든 거기가 꿈이 된다
시간은 어쩔 수 없는 이탈된 시간을 이끈다
사랑을 두고
어쩌면 사랑을 찾아서
어디에도 없을 법한 그곳에서 만났다 한다
아침,
약속이 있는 대열에 합류한다
여자인 여자와 사랑하고 결혼할 참이다

28
여자인 여자와 결혼할 참이다

**40

나는 꿈을 앞두고 깨었다
다시 잠에 들 것이다
오늘에 있기까지 나의 위엄은 조금씩 삭감되고
내 수중엔 오백 원짜리로 이어지는 메트로의 표를
할인 받아 산다
거기가 목적지가 되고
준비하지 않는 나에게 동일한 출발로 이어진다
기다림으로 배우고 누군가는 있었다
사랑이 있기까지는
무수한 가정된 대입이 필요하다
무심히 안부를 묻고 가고 있는 차를 그냥 본다
끝날 것 같은 시간에

나를 기다리게 하는 그 시간에
또다시 달려오는 긴 행렬
무엇 때문일까
우리를 기다리도록 하는 것은
또 한 믿음의 목적지에서 목적지로 이동하는
바깥 풍경을 의미 없게 하는 것들이
나를 규정하는 집에서 향하는 집
싱글 침대 위에
무늬는 먼지 내음으로 나를 눕힌다
헛된 소음이 퍼진다
꿈이 없는 여자로부터 파생한 상품은
동일한 안착에 도달하려는 망상에 유혹한다

41

나의 벗은 몸의 시간
사랑으로부터 거리(m)는 얼마일까
먼지 내음으로 불붙는 향취가 되는 꿈의 거리와
동일한 페이지
열린 책의 모습으로 그대를 읽히는
가슴에 멈춘 세로 글귀 달빛이 다가왔었다
다 읽어 주는 그리고 시가 되는 골목들
언덕과 숲의 구름이 건너는 그림자
나를 디디고 일어선다
거기에 섰다. 오백 원의 메트로는
가상의 기차 소리에 숨던 중리동이 생각나서
하늘로 오르려던 기적 소리
누군가는 그 기차의 유일한 승객이다

나를 불러 자기를 확인하려는 부름이 있다
현실의 떡고물을 묻히려 구르는 방법으로
나는 그 승객이 되었다
중리동엔 그 기차가 지나고
나는 기도 시간에 맞추었다
기도도 잊은 오랜 빛깔은
이 도시의 방향에 들린다
오랜 여행이다
나를 밟던 구름의 그림자는 도시에 내려 딛지 못한다
하나의 상징으로 존재하는 반쪽의 모양

**42

이제 재촉하지 않는다
떠난다는 곳을
우리 뇌리에 한 서클을 가지고
내가 의미 되는 방향을 누적시킨다
삶의 본래의 의미대로
당신이 내게 있다는 의미는 무엇일까
텅빈 무한의 공간에 초청될 뿐
동일한 또 동일한
나의 빈자리 무한의

**43

이곳은 삶이 있다
나의 노래들이 도착하는 곧 꿈이 될

시간들의 변형이 일어난다
언어의 무게를 달고 어제가 있던 곳으로 돌아가기도 한다
사실은 실재할 뿐 밤이 아닌 오늘을
이야기해주려 한다
기억한 곳에서 내 사람들이 나타난다
음성으로 된 소리의 공해에서 벗어난다
앎이란
사고로부터 오는 오백 원의 레일을 깐다
궤도로부터 자유
무엇이라 말할 수 있는 삶이 되어가는 목적지의 거리
지금은 거기쯤 있다
대략 추임새를 얻는 고정의 나사를 풀고 다가간다
사랑이라는 더 큰 의미는 없다
삶에서
사고(思考)에서
여자인 여자를 사랑하고 결혼할 참이다

** 44

밤의 기슭에 내린 잠
거기 당신을 향한 입체를 가진 단어
입술 가까이 되뇌이고 심장의 고동으로 여전히
사랑임을 확인해준다
나를 맴도는 축복의 말씀들을 높이로 쌓아본다
때론 나를 허물고 아무것도 없게 하지만
사랑은 실재이다
내가 그대와의 행위가 보여지는 것이라서
우리는 더욱 격정적인 용어들로 채운다

그래야 사랑이 된다
육신의 배경을 깐 정신으로 노래한다
평온이 익숙한 쾌감
고요한 삶의 더미들을 넘고 또 우회하여서
아침으로 나아간다
많이 닮았다
내면의 이야기와 히끗한 아침의 머릿결의 향취가

45

당신은 이름이 있지만
통칭이 된 내 별명에서 따낸 구체화된
얼굴을 가진 노래
무수한 별 무리 속에 빛나는 당신으로 가리킬 수 있는
그것으로 당신을 부른다
가장 가까이 다가간 그대에게
여자인 여자와 사랑하고 결혼할 참이다

46

생략한 행위들로 나타난 경고의 사이렌은 옆줄에 위치한다
이미 허옇도록 삶에 닳은 채 보인 잠
완벽히 차단된 표지 앞에서 두드려 본다
멋진 나를 두드려 마음에서 튕겨오는 무늬의 합성들을
약간의 반대인 유쾌한 나는 사회적이다
거기에서 멈추기도 하고 포위를 뚫은 채 달려가버린 사람들
나는 아직까지 초보자다

우리의 이미지를 본다는 것이 금지되었다
당신을 보는 것은
우리에게 모든 낱말이다
이미지와 함께 움직여 버린다
함께 혼합된 뒤 반복하여 섞인다
잠에 들지 않고 무심히 살피던
창의 불빛들에 걸어나가 마주한다
가로등과 아직 열 시 반이 넘은
모두 깨인 시점에 나도 일어났다
문틈을 보며
한동안 빈혈기 있는 어지러움과
부끄러움을 연합한 착시
현실의 눈동자를 주의해서 살피는
약해 빠진
그리고 안전한 길을 찾은
혹시라도 다른 이의 생각일까 봐

47

침묵하는
그것을 묵과하는 밤
모든 언어들이 날아갔다
유일하게 사람들의 시간에 제외되지 않고 지킨
어머니의 잠드신 마음
세상에 여인으로 불려 나온 삶을
언 손으로 지피고 불을 일군 새벽
한결같은 마음에

**
48

하나의 단어를 두고 다툰
나를 위한 사람들의 평화

**
49

징검다리를 건너던 습관 된 아이의 일상
언제쯤일까
가고 또 지나가는 이 더딘 날들
그 속에서 나는 다시 형상을 찾아낸다
나의
배회한다. 인본의 근거가 있는
개인의 사색을 강구하던 깊은 밤의 빛으로
오는 달빛
문이 닫힌 군락의 밤
그 빗장을 잠그고 소리 없이 사라진다
하나님의 영광을 입히지 못한
오늘에 극한 자리에 올리려는 곳으로 회피
평범한 표현이 극악한 형틀로서
보였다. 그 의미를 알기에

**
50

혼자 나온 밤인가 했더니
잠들지 않는 저들이 같이 밤을 보낸다

나를 조롱하는 마음
"그래 사랑이 어디 있지"
내가 웃어본다
오늘 만난 서울로 들어온 저들의 기대 찬
유행의 이야기가 내 것이 아닌가?

**51

아무도 없을 때 있다
수없는 꼬리를 물고 눈빛을 숨긴
나를 보았을까
나
그리고 너의
점화되는 처음의 시간으로 복귀한다
수천 번
누구로부터 온 삶
누구로부터 분열된 삶으로
나의 짐이 되지 않은 것들을 지우고
그것들은 본래의 일상 속에 흩어진다
문을 닫고 내게 지운 짐들을 엿본다
또 탐색자들은 엿듣는다
그럴 때마다 하나님만이 내 편이셨다
홀로 남은 나일 때

**52

여자인 여자를 사랑하고 결혼할 참이다

**
53

어머니의 잠 속에 한가로운 평화
하나님은 사람에게 내려오시다
평화
그 마음속에 잠이 있는 평화
사랑하고 사랑한 마음으로 열린 하루
보상으로 삶은 빈약한 추수군
그러면서 삶을 자신한다
"내 나이를 먹어 봐라"
모든 이에게 최우선이었을
행복의 외로운 자취를 딛고 도달한
2017년 오월

**
54

더덕도 모르고 참나무버섯도 모른 이들의 유일한
반등 속에 묻혀간다
그래서 그것만이 할 수 있는 도시의
각기 자기 문화를 가지고 도달하여
이웃으로 봉쇄하려는 시도들이 보여지다
낮은 골목으로 이어지던 약물
거뜬히 이겨낸 마음
빈곳 누군가 있을 법한데도 나밖에 없었다
거기에 혼란한 눈 초점에서 발견한 자아의 빛은
나 혼자 나뿐
나는 거짓으로 추방한다

나약한, 자신하지 못하는 투쟁
사랑 다시 찾을 수 있을까
여자인 여자를 사랑하고 결혼할 참이다

**
55

며칠째 여기에 멈추어 있구나
사랑 갈 바를 알지 못한 기다림에서 바라보는 나를
보고만 있는지 형식적인 것으로 돌아와
부서진 파편의 부끄러움 앞에 이미 선 그대
내가 거기 서 있다
남자의 당신의 모습을 보면서
남자가 그렇지 뭐 하는 변명을 달고
어떤 책임도 회피해 가는 그래서
당신은 입술을 붉게 그리고
처음 빛깔을 찾아서 핑크빛으로 이야기한다
어느 것도 결정 짓던 것도 아닌
나를 뒤따라오던 말들
그럼에도 오늘도 그대는 나의 말을 따른다
앞서 가버린 불안감도 없이
한가로운 방 안에 주문으로 걸던
다 사용해버린 배터리의 수명 뒤
"지랄하고"만 읊어댄다
천년이나 지속할 것 같은 저들의 요새
말을 바꾸어 효험 없는 지랄에서 "할"로
그래서 대체된 이름을 토해 놓는다
정신의 수명이 다했다
思考가 없는

생각이 증발해 버린
또 다른 언어를 구한다
내가 도피되었던 구석진 곳을 찾았다
그토록 오래 붙잡힌 악몽에서 놓여지다
여자인 그대를 사랑하고 사랑할 참이다
사람을 사용하고 남은 빈 껍데기의 무리들은
오래도록 존속했다

** 56

또 낯선 언어의 도피처를 찾는다
내가 주시되었던 곳에서 나와
확인해 본다
나를
그대가 있던 곳으로 돌아가려 한다
한 장짜리 보고서를 작성하려 한다
낱말은 詩語로 그대 이름 앞으로 발송했다
한 장의 인쇄가 필요했으나
익숙지 않은 사용법으로 처음까지 돌아가서
출력이 되었다
사랑인 그대가 있는 곳에서
함성이 울릴 것이다

** 57

그대는 현실적인 모습으로 보인다
억양의 색깔 그리고 눈빛으로 나의 현실 속으로 들어온다

나의 생각은 그대의 시간에 있는 언어다
그리고 생각의 음성은 그대 입으로 일구어 낸다
내가 찾아낸 현실은 또 다른 고리로 연결하려 한다
카메라의 초첨으로 나를 보고 생각의 음성을 반복한다
나는 소책자의 대화방으로 이끌려 나간다
그대를 화상(畫像)한 채널 안으로 이끌려 들인다
그런 나는 현실에서 합류하려 한다
결정짓지 못한 마음이 또 다른 해석이 되려 한다
의지가 약한 채로 그대를 포함한 원 안에 놓이려 했다
자주 반복되게
그래서 현실을 찾아 포함하려 한다
같이 내 계획 밖에 있는 그대를 눈에 띄게 하지 않으려고
나의 미래에 그대를 놓으려 한다
현실과 추상의
그 속에 있는 그대를 발견하고
내 생각 통째로 벗어낸다
마마보이라는 그럴듯한 충고에서 오는 허약함 때문에
말이라는 것은 실재하는 것이라서
둘 이상의 대화에서 나오면
그 사람 것이 되어 떠돌다
다시 입속으로 들어가 토해 놓는다
그대는 내 계획 속에 들어오고 나는 뱉으려 한다
그대를 전혀 포함하지 않는 미래의
나를 홀로 서 있을 삶으로
그러면 그대는 뭘까
내게 초청된 임의의 사람이 되어 내 자리에 온 것일까
그러면서 함께한 계획 속의 영상을 탈각한
또 공중으로 날아간 인쇄되지 않는 글에서도
내용상으로 정리해 보면 아무것도 없다

있다가 없다가 한 그대뿐이다
나의 본 모습을 잃어버린
그리고 그대는 함께하지도 않았다
그런 그대는 눈빛으로 다른 정리를 보인다
선을 넘는 망각으로 들어가서 살지 않기를
그것은 이해한다
내가 더 사랑해야 하기 때문이다
그런 그대
여자인 여자를 사랑하고 결혼할 참이다

**
58

여행자의 행렬 속에서 당신을 본다
안경을 끼지 않는 어두운 눈으로 당신을
그리고 하얀색으로 두드러진 몸을 보다
질투로 나만큼 한때의 불쾌감을 표시한다
그리고 내 기억에서 사라져버렸다
특이하게
그런 당신은 꿈의 형태로
내게 안긴다
그리고 기억이 복구되고 있었다
멋진 아름다움으로 안겼다
당신은 나를 맞이한다
잠그지 않는 나의 집을 찾고
나의 방을 찾고 끝내는 나를 찾았다
그 불쾌감을 버리고
본래의 얼굴과 가슴 자욱이 있는 두드러진
그대는 내게 남기를 청한다

하얀 꽃빛의 순결을 내게 주었다
내가 기억하는 그대,
붉은 티
작업복이었던 지금은 나를 상징하는 그 모습
돌기가 있는 하얀 턱수염
이 모두가
또는 당신을 보는 태도의 반기를 들고
급속히 식어가는 순간의 웃음이 굳은
나의 사랑이 회복되다
당신을 기억하지 못하는 당연한 대가로
여자를 여자로 보는 그 태도의 첫인상에 적나라한
당신을 그런 당신 여자인 여자

** 59

새벽이 꿈일 당신이 나타나서
어두운 눈인 나에게
유일한 표상으로 다그친다
여자인 여자를 사랑하고 결혼할 참이다
또 무언지 모를
내 기억을 가지고 간 듯이 없어졌다
아침 먹을 때쯤
모두가 밤의 내용으로 옮기려 했다

60

나의 시선으로
또는 내가 본 것으로 기준점이 되어 있는
내가 볼 것으로도 보는 검증
하나님의 시선이 내 안에서 머문
나의 자유를 제한했던 보는 것들과 느끼는 것
나의 음성으로 자율신경이 임의로 호흡하는
세계가 이 다양성 앞에서도
여전히 내가 한 기준점만 되는 눈으로 본다
불투명한 유리창으로 그 너머의 세상을 그리다
지금도 몇 년 후에야 내 대답이 될 것 같은데
창을 열고 또는 문을 열고 나와서 보았을 때
그때는 그렇다고 하고
지금은 다르다 하고
눈들과 언어 사이의 괴리
삶은 확정한 것이 아니다
아직 먼 거리의 풍경을 서로 다르게 이야기 중이다
그때는 달라지며
그때 이야기에 불과했지만
지금은 지금 이야기다
너무 많이 달라지지 않기를 바랄 한마디 정도는 아닌
아는 체했을지도 모를 일이다
나는 내 기준점에서 벗어나려 하였다

61

하나님은
내 마음
내 눈으로 보고 계신다
내 안과 밖을
나는 고민의 흔적을 보인다
죄성의 고발에 끝없는 까끄레기로 걸린다
사랑의 흔적을 찾아 그대에게로 본래 보아야 했던 눈으로
열고 연결 지으려 하는 걸음
나를 연다
아직은 보아 주어야 한다는 생각도 든다
임의의 숫자가 상용화되듯
저들의 거리와 나의 거리가 마주해 있다
아직은 문화도 언어도 없다
생각 속에 머문 맑은 미소들
목소리, 내 생각은 그 위로 날아간다
그것이 전부는 아닐 텐데
내 생각 위에 걸음을 놓고 있었다
투명한 말소리에
세상이 매달려 있다

62

그 곁으로 지나가는 향품이 날리는 속삭임으로
내가 사랑할 여자인 여자를 사랑하고 결혼할 참이다

63

삐딱한 자유를 얻은 듯한 창의 나르는 소리로서
혼동케 하는 죽음과 삶의 반죽덩어리로 부풀다
부패한 음성은 높은 곳에서 교환된다
참 자유를 공중에서 논의한다
육신의 허름한 창고에서 띄워진 연같이 자리를 잡았다
이내 사그러질 여운의 빛
생명으로 바쳐질 대상이 아닌
그저 자유로운 비행으로 느껴질 듯한
그 사이로 날개를 가진 까치소리가 색인된다
처음부터 가짜인
그 명부의 이름을 불렀다
죽은 자와 산 자가 혼합된 모두가 그 세계를 나누었다
나열된 육신들
창을 닫았다
아무 소리도 없다
본래의 유혹하던 그림자들의 형상
나의 자유를 비난한다
그리고 앎들을 부추겨 소리낸다
조금의 참고할 만한 지능을 가진 세계를 옮기려 한다
없다. 저들의 세계는 비집고 들어오거나
누구의 희생의 어깨를 짚는 목소리다

64

모두가 나를 찾았던 휴일
내가 찾았던 주일에 혼돈스럽게 교정된다
날짜 변경선까지 가서 말이 키워지고 또 가시화된다
어제를 사용해버린 거기서 오늘을 이어 보려 한다
하나님, 그분의 눈으로 읽는 사랑이라는 것
나의 이야기로 들려주실 평화
겨울을 빙 돌아서 창에 들어온 빛의 무늬가
벽면에 층계로 쌓인다
나의 생각과 반대편에 있다
하지(夏至)의 북반구에서
기다림의 눈으로 보시고
나의 반대편과 거기 계셨을 겨울의 소리
수은을 펴 바른 거울에서 원형의 얼굴이 나타난다
나의 자유와 용서와 사랑의
사닥다리를 또는 수평의 징검다리를 건넌다
본래 선물이었다
사랑에 관계된 그분의 뜻으로
빛 무늬는 한 층계를 무너짐 없이 더 쌓아 올렸다
불쑥 튀어나옴 없이 가지런히
그러다 저녁이 된다
하루의 시작점이 되었던 기억의 날
뭉클하고도 뜨거운 태양을 대지는 삼킬 것이다
키스 같거나
목젖을 따라 내려가는 붉은빛의 열기를 감당해 낸다
사랑처럼 되어간다
하루가 되는 시작점

그리고 아침이 되었다
창조의 순서에 우리의 관념이 붙었다
이름 짓기가 가속화되고
처음 사람의 발견자로 이름을 또 얻고자 한다
화섬(化纖)으로 벗은 몸을 가리고
아담의
그녀를 본다

**
65

최근에 편곡이 되어
자작곡이 되었던
그대 이름으로 부르는 노래 역시 나의 노래이다
현실이 마련한 무대를 두고
내 음성으로 따라 오르는 소리로서
너는 아이오아이만큼 섹시하냐
카라만큼 노래를 잘했냐
소녀시대만큼 인기가 있었냐
사람 사는 무대에서 너의 노래이고 이야기이게 하라
우리 시대를 풍미한 지나간 이름들
그 이름 사이에서 발췌해낸
고대의 그녀의 이름은
그 자취 아래서 젊음의 표상을 따른다
들뜬 공중의 실타래를 끊고서 그대 이름으로 자유해라
벽의 손 글씨
연필 한 자루 움키지 못하는
벗들의 음성으로 구멍을 내고 있었다
본래는

그 정체로 숨김의 꼬리를 잡았다
액체의 금속인 수은으로 펴 발린 곳에서 나타나 숨는다

66

내게 무수히 나타나는 꿈의 환영
실재하는 그대의 이미지다
사랑으로 줄곧 심겨져 오던 방식으로
각인되고 기꺼이 그 모습을 변형시키지 않는다
여인으로 상승된 나이로 거슬러 올라 볼 때
제한의 한계점이 되어준다
내가 그녀의 들창문을 열어 보고자 하는 마음
원하기 전
원하는 모습이 되었다
고향 품으로 돌아가 산란하던 상류에 더 이상은
넘어서지 않는 한 부끄러움을 상쇄시켜준다
안온한 느낌으로 가득하게
모든 허무의 극치로 치닫던 종말의 생명의 위치
당신, 눈으로 또 생명을 연다
그리고 한 마리의 물고기를 놓아 주듯
자유로이 젊음으로 내려 보게 한다
그곳에도 역시
한없는 유리(流離)를 방치하지 않는다
거기까지 원래는 다다르지 않았다
평범한 자유
고도의 학습을 마모시키는 다만 삶의 방편인 걸음으로
걷는 창밖으로 보였다
순결한 백합의 두 송이 사진

향기를 뿜은 채 갇힌다
그대 이름을 몰라서
나는 그 영역에 놓인다
부끄러움을 주는 내게 늦은 나이에서 오는
새로운 방향인 제시로
그렇게 다른 물질이 되어가던 변곡점은
역시 사랑의 다른 표현이다
사각형의 횡단보도 길 위에 놓인 기다림도 역시
여자인 여자 사랑하고 결혼할 참이다
낮은 말을 배운 방언을 지속하다
지역과 지역이 대립되는 것으로
또 다른 지역의 언어를 흡수한 정통의 것이 아닌
사행의 수준에 맞춘 이야기
그건 누구의 언어를 차용했고 또는 임의의 말로
성기게 더욱 지역의 구도를 잡아간다
저급한 자기 영역에 놓인 언어의 기둥에 매달고
바람 불면 풍경이 울리듯
그게 가지고 있는 높은 것의 전부라 여긴다

67

한 가지를 내는 것이 그리 수고롭지 않게
이 세계의 "여"와 "저"
그건 그렇고
왜 남의 집안 말을 배우려 따라 할까
생각을 휘어잡으려고 반복된 길을 따른다
따라지, 그리고 주변
문틈 사이에서 갈 바를 알지 못하는 길에서

내리지도 다시 탑승하지 못하게 한다
제 스스로를 높였다
상대의 높이만큼
한때 소비의 유행이 번지던 시골 동네보다도 더욱,
하찮은 조직으로 연계된
밤새 일치시키려 한다
남의 열정을 방해하고
또 제 것인 양 여기고 높이를 올린다
멀지 않은 곳에서
흉내의 길
그리고 思考
모든 세계가 조각 난 채
깨진 옹기를 철퇴쟁이가 철사로 묶어 붙인 조각을
통일로서 이해하려 한다
하나로 된 것 같은
본 적이 없는 우리 세계의 생각의 모양이다
반전의 시간
그리고 세계는 학대한다
그것이 무엇이든지 서로에게 용서를 베푼 듯이
많이도 안다
먹고 노는 일이다
그래서 이 시끄럽게 노동을 비틀어 내는 이들에게 양곡과……
선물들과 방문의 무상들로
……………………………………………………………………
채워낸다
그래서 우리라는 한때의 말 붙임 용어에
들러붙었고 출처도 행방도 묘연한데도
사랑스런 여인이 그 말을 택했다
"우리를 잊지 마"

한때는 말끝마다 우리였다
이제는 "내가" 또는 "나"로 표현이 바뀌고
작은 이불을 기억하는지
엄동설한 세상사 서로 당겨 덮으려 한다
발 나오고 손 나오고 이쪽으로 저쪽으로
우리가 나열된 나로서의 표현이 뒤죽박죽이다
어른은 어른으로서 우리
아이들은 질세라 가슴을 치며 우리라고 한다
내가 알 수 없는 이 형태의 함정에 빠졌다
공무의 수행자로서도 우리도 있다

**
68

아 이제 우리의 싸움이 끝났나 보다
우리야
그 아내 바세바야
알 수 없는 남 욕하지 마라
우리야가 전장에서 죽었다
어제

**
69

참으로 조용해질까
전투기가 산 너머 범처럼 소리 지른다
우리끼리 싸우려고
적이 없는 관계로 우리야!
바세바야 사람 잡겠다

전장에서 앞 선봉대 우리야를 잊지 않을게
고만 싸워라
의리의 공군이 산 너머 있다
봐라 범처럼 소리 지르지

** 70

여자인 여자는
남자인 남자와 사랑하고 결혼할 참이다

** 71

남자인 남자는
여자인 여자를 사랑하고 결혼할 참이다

** 72

그런 중 마지막에 도착한 우리는 또 불만이다
나누다 보니 우리가 통째로 없어져 버렸다

** 73

그러던 중 얼굴 바꾸는 변용(變容)들과
말 바꾼 우리가 또 붙자 한다
"저" 말로 붙자 한다

자신 없는 두 놈들 오늘 어디엔가 만날 것이다
그때 붙어라
사람을 그토록 알고 싶었던 나는 '사람'이라 한다
우리가 또 우리가 되었다는
제자리 빈곳에 다시 입주한다

** 74

음악이 알 수 없는 이해력을 요하는 것 같았다
젊은 세대들의 가락이
그러나 어디로 한 방향으로 가는 것은 분명해 보인다
서로 같지 않은 리듬일까
노래일까
가는 길일 수 있고
도착했다는 의미일 수 있겠다

** 75

이튿날
남자들의 노래로 찾을 수 없는 곳에서
아직 걸그룹이라는 그들의 노래가
연결되고 있었다
서로 다른 것 같지만 닮았다
춤은 색깔을 입힌 채
모여 있었다
이제 다시 들을 수 있겠다
어디로 갈지 모르는 이 세대들의 노래가

입 모아 부르는 의미들을
젊음의 향락에서 오는 붙임들을 떼어내는
이별 소리를 들어 본다
그리고 사랑과
이해력 있는 춤곡은 연결된 뿌리로부터 많이도 왔다
우리는 어디로 가는 거니?
또다시 소개시킬 다음 세대는 어디로부터 시작할까
우리의 춤은 한결 더디게 검열대에 올라서
밤의 대화를 삭제한다
젊음이 다 표현하려 했다
우리는 어디쯤 있는 거니?
그런 물음조차 의미 없을 서양 언어가 번역된 생각의
물음들을 탈출하려는 언어로 되어 다시 거기서 만났다
나의 생각이 고요한 숲에서 생성했었는데
또 문자를 배우고 머리가 뜨거운 짐을 생각으로 나른다

76

텅빈 새벽 네 시의
시간 그 시간 위에 군림한다
아직 부드러움이 있어야 할 나의 침실도 비어 있다
누구의 것이어야 하는 한 사람의 시간도
나의 것이어야 하는 침실
(실제로는 우월하거나 차별의 내심을 품고)
누군가는 나를 위하여 깨여 있을 하루를 또 희생시킨
나는 그대를 위해 어디쯤 가야 하나
그냥 있는 것이 좋을까
맞이하는 사람이 되어서

그대는 사라지고 알 수 없는 여운으로 채색된 언어
육신의 형상을 또렷이 기억해낸다
다 내게 다가온 사람들의 눈빛들
남겨진 이름과 지우지 못한 전화번호
서로가 믿지 않는 세대에
그대는 나타나려 한다
내가 이끌려 나오지 않는
나의
그리고 나를
알기란 어려운 일이다
그대는 그대의 이름과 얼굴의 모습으로
천국에 도달할 수 있을까
그 모습은 아침에 빛살에 노출되듯이

**
77

한 음성이 내게 불안을 주고
나를 살핀다
"나를 속이지 않았구나"
이제 고개를 돌린 "나를 속인 느낌이 들어 나를 속임으로"
그 언어에 삶이 속박된 관념의 체실(體実)
그 평화가 머문 일상의 마음
아직은 여러 가지 방향일 뿐 "속이지 않았구나"
내 감성의 열린 술기운이 남았던 아침 세상의 언어
거기서 생성한 어휘의 음성이 따라온
아침 까치소리에 저문다
밤의 마음
"다른 느낌이 들어 속이지 않았지만"

나를 비껴 선
내 안에 한 번도 머문 적 없는
"나를 속이지 말라는" 문자화

✱✱
78

영의 형상은 지능의 언어를 가진다
모든 관념과 경험을 품고 있는
나를 지나간 것조차
그러나 모른다
그것으로는 무엇이 될지는
현실에 포박한 내일에 도달할지 끌려 나올지 모른다
동률인 사랑을 나타낼 내 밖으로는
나는 나갈 수 없다
안에서 밖으로 볼 뿐
꿈의 기운
그리고 나를 속이지 않겠다는 마음은
주기적인 아닌 시간으로 거슬러 올라 소급된다
거기서부터 문장이 되는
말씀의 진위는 "나를 속였다"
기다려온 유일한 표상으로 찾아온 여인의 느낌을
여전히 가진 사랑의 남성적 어원으로
삶이 된 나는 속였을가
껍데기만 너지 라는
늘 듣던 음성에
물러선다
새벽의 텅빈 시간 안에 있는
시간

(술의) 마음이 아닌
여자인 여자를 사랑하고 결혼할 것이다
사랑으로 방향을 튼 詩
거기에 속임이 일어났을 뿐
감성의 높낮이를 잃고 상승하지 못하는 마음
이를 두고
이제 없다 그 마음을 끝없는 수평에 나타난
거기서 "나를 속였구나"의 울림
아니요
술을 먹지 않습니다. 그 마음들을 잃고서도
알콜이 주는 마음의 기류들에 떠오르지 않으렵니다
내가 속지 않는
그럼에도 돌아가지 않습니다. 거기로는
여자의 여자를 사랑하고 결혼할 생각이다
다른 마음이 되어 있는 순수가 부족하지만
마음이 열려지면 참으로 닫기 어렵다
알콜이 주는 폐단의 하나로
나를 받아주는 세계가 있어도 거부한다
평화
암컷으로 노래가 없는
집비둘기의 삶으로
멧비둘기의 서글픔을 채우려는 나를 속이지 않는
머문, 머문, 머문 곳으로부터
또 찾아와 불안을 주고 묻는
"나를 속이지 않았구나" 삶이란 어려운 용어이다
그리고 사라진다
술에 적시지 아니하더라도
"나를 속이지 말라" 또는 "너"
사랑으로 오래 가라는 마음으로 바꾸어 준다

오랜 사랑의 길로
"나를 속이지 않았구나"
-마음-
한 방울의 알콜이 피가 되는
또한 빵으로 오실 이의,
다시는 포도나무의 열매로 마실 알콜을 원치 않으셨던
흥겨운 삶의 마당으로
나도 따라서 한 방울의 알콜 없이 맞이하는 아침

** 79

여자인 여자를 사랑하고 결혼할 참이다

** 80

학교를 마치고
흙 파던 곳으로 가서 몇 짐의 지게로
집에 지고 와서 모은다
타작하기 위해 마당 바르는 오랜 사람들로부터 했던 일
보리밥처럼 도시락 뚜껑을 세워서 먹던 날들이 지나간
때론 목기시대
때론 석기시대
때론 철기시대를 살던
1963년 시대에 봄이 늦은 산골의 문명의 바람
나일론 옷과 십릿길
그 위에 전원의 교향곡이 있다
이 도시로 바래다준

또 사랑의 노래가 음반 위에 걸렸다
그들의 노래로 눈에 잠깐 눈물 빛으로만 비춰진다
고향 다 잊은 마음의 무게에 새긴 긴 날
이날이 지나고
또 이날이 첩첩이 쌓인
저녁 햇살이 황토 흙으로 바른 붉은빛으로 환한
우수수 쏟아지는 낟곡들
팻돌 위에 흥겨운 자취 기억이고 기억인
산전 그 오름길에 물 담은 주전자와
서로의 신분을 찾아내었듯이
저 산 아래 전원의 밤 풍경의 시간 위에 노래가 있었다
삶은 바른 길이었다
항상 무게가 있는 채로
줄이 내려와 있던 종탑에 당겨 치던 교회종소리
아슬하게 뒤집어질 것 같았던
그 종은 한 번도 뒤집히지 않고 지켰다
차임벨이 지나고
무음으로 알리는 부름
그 사이의 내가 찾던 마음으로
철기와 목기를 다시 돌아와
앉았다
영원한 것이 없을 세상에
어디엔가 석기의 펜대를 잡고 있을 초고의 단어들
그 하얀 종이 위에 타작마당에 쏟아지는 낟곡들
눈물 바람이 지나간
그 시간 위에
나의 짐은 여전히 있다
짐은 새로이 오고 짐을 지지 않는 자의 몫이다
이 사회의 복종해야 할 조건으로 있는 건 아니다

이윤과 또는 재창조의 굴레에서 진화론을 편다
아득히 저기서 목기가 석기가 되어도
한 줄의 답사
돌아갈 수 없는 도덕적 기행도
또는 변화의 시점에 십자가에 불을 끈 교회도
서로 절충해버린 스무 해의 기행을 적었다
태양은 땅에서 솟았다
비행기 위에선 구름 위에 있어도 땅에서 나왔다
대지의 '흙'에서
그 붉은 타작마당의 빛으로 오른다

** 81

여자인 여자를 여전히 사랑하고 결혼할 참이다
누가 먼저 가서 보고 와서 첫 글자 뒤에
우리의 언어를 붙인 말이 말로 된 것 같은 시간으로
조율되었다
말이 본래 그런 이야기다
줄여서 없어질 때까지 하도록 한 내용이다
늘여서 끝없이 이어지는 내용이다
그런 이야기를 할
여자인 여자를,

** 82

찬양이 들려지고 있는 교회음악
그대 얼굴 모습이 빗줄기로 다가온다

오랜 가뭄에
오래 보고 싶은 얼굴이 되었다
목소리조차 들어본 적 없는 마음이 정했다
하얀 옷 빛의
A4용지의 내가 써 넣은 순수한 인쇄
컴퓨터 음악의 배경으로
열린 포도송이를 드러낸
푸른 자켓의 잎사귀 속에서 가득 열렸다

** 83

비가 오지 않아
들려지던 전원의 악장
하늘에서 뇌우가 동쪽 산 남한 산성 위에 울린다
평화와 안식이 왔다
농부의 일상이었던 안식은
뇌우로 계속된다

** 84

알길 없는 목소리로 다르게 들려주었다
각각의 전해오는 말들은
비가 오기 전
보았었다. 빗소리와 함께 왔다
그녀의
참으로 기다린 날이고
하늘엔 평화의 전례 없이 비껴간 뇌성

나에게 비 같이 내리는 그러므로 다 씻겨간
오늘조차 모르는 우리에게 사랑이 왔고
비가 내렸다
음악이 저녁 안개로 핀다

✳✳
85

갈메골에는 머루가 있었다
늘 산바람이 불어 굴참나무의 잎새를 뒤집는
하얀 파도가 다가오고
또 지나가는 숲
거기 소나무를 타고 오르는 머루가 있었다
성서에는 포도가 있지만 머루는 없다
그래서 머루 꿈을 꾸면 머루가 남고
포도 꿈을 꾸면 포도가 남는다
어느 날엔가 머루송이가 포도송이가 되었다
갈메골의 머루는 재킷 안에
하얀 A4 용지에 언어가 달렸고 머루 꿈이 열린다
모든 아름다움의 검정의 눈빛이 되어
내 안에 들어와 지울 수 없게 보여진다
착시도 착란도 아닌 기억이다
이마 위에서 음악이 되었다
목소리를 들어본 적 없는 낮은 음성
그 입술에

86

마음을 속이지 않았다고 한다
더 이상 거슬러 올라갈 수 없는 곳으로 초대하였다
갈메골의 돌 아래는
두 마리의 가재가 있을 정도지만
갈메골 산전엔 오디만 익는다고 전해온다
그 머루의 향기가
내 형상으로 보여지는 동일한 높이의 시각
지난날의 꿈과 현실이
오늘의 옷자락을 날리듯이
흰옷의 걸음으로
돌출한 얼굴로
있었던 마음 안에
아이였을 적부터
그때쯤 기다렸을 쓸쓸함
그것으로

87

새벽잠 깨인 네시 반
마음으로부터 그대를 사랑한다
모든 마음의 근원으로 찾아온 그대
다분히 정신으로 돌아갈 사랑이었을
내 욕망을
새벽 빗소리가 되게
닮아간다

마른 대지가 목을 축이고도 남을 만큼 비가 내렸다
나는 그대 정신으로부터
그대 육체로부터 목마르다
육체는 정신의 언어를 가지고 독립하려 한다
빗소리같이
내게 오는 당신의 걸음
어디로 향하였던
그 길목에 있었다
정신은 이제 육체에 언어와 물결을 넘겨준다
빗소리의 언어
당신은 알아들을까
사랑의 낮은 연주소리를
그리고 당신을 위하여 살아간다

남겨진 어둠이 걷히고
빗속에 직박구리 한 마리가 울고 있다
노랫소리로 바꾼
울음은 우리의 정서적 내용이다
오래전 사랑도 울음이 되었던 기억의 소절
한가로운 마음
사랑이 삶의 방법이다
그대로서
비에 젖은 눈가를
한마디의 목소리를
그것이 전부이기 때문이다
아직은 우리에겐 새벽이다
서로의 만남이 주선되고
눈에 눈을 보고
당신을 노래한 새벽 새처럼 노래한다

**88

그 새벽을 이어간다
언어의 저장할 자리에서 사라져 버린 글들 위에
반복한다
사랑을
모든 새가 깨인 아침의 노랫소리
당신은 나를 닮아가고
그대는 또한 그대를 닮기 원한다
그런 사랑을 위한 옛 노래를 기억했다
'그대 주위를 맴돌다가
오각형의 별들이 하늘에서 떨어지고
떨렁 잔 속에 금화를 빠뜨렸어요'
"아가씨야 아가씨야 열여섯 아가씨야
사랑을 했다구"
"놀리지 말아요
웃지들 말아요
아저씨들"

**89

이 노래를 불러준다
여전히 사랑의 곡선에서 만난다
이별을 이야기하는 가수들의 음을 붙였다
우리에게 온 사랑의 시작점에서
끝 지점까지 가지 않으려는 순수한 기다림
가장 강한 사랑이 먼저 사랑 앞에 숙였다

하지만 먼저 이 사랑을 발견한
이는 마음으로 잃어가는 노래 앞에 앉았다

* *
90

나의 사랑을 고치는 중
철판처럼 우그러진 곳을 원래대로
두드려 편다
마음속으로 하는데도
이웃하는 사람들에게
시끄럽다
시끄러운 소리다
하지만 고쳐야 한다
이 모순의 사랑은
죄로 보면 죄의 빛깔로
사랑으로 보면 사랑의 빛으로 보인다
나는 두드려본다
가득히 죄의 소리를 내는 리듬은
시작의 노래이다
그러나 거기에 담길 사랑은
오래전 아이 마음으로 남아서
마음의 순수
새가 아침을 노래하듯
사랑, 여자인 여자를 사랑하고 결혼할 참이다

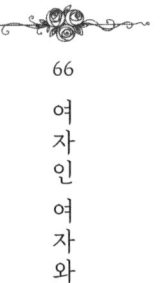

91

"아가씨야 아가씨야 열여섯 아가씨야
사랑을 했다구"
"술이라도 마실 줄 안다면
담배라도 피울 줄 알았더라면
그이 생각나면 못 살겠어요"
"아가씨야 아가씨야 사랑을 했다구
사랑이 너를 아프게 하던
그땐 아파하는 거란다
사랑이 너를 슬프게 하던
그땐 슬퍼하는 거란다
아가씨야 아가씨야 열여섯 아가씨야
사랑은 그렇게 하는 거란다"

92

그가 이야기하는 사랑은 알 수 없었다
한 번도 들어 볼 수 없는
지금에는 또
우리는 어디쯤에서 이 사랑을 들을 수 있을까
백지 앞에 쉼표의 반짝거리는 1초보다는
빠른 맥박, 심장의 음표의 표시로 두근거리는
컴퓨터의 심장부
나는 그 깜빡임 속에 당신을 노래하고 싶다
시키면 시키는 것밖에 할 줄 모른다는
바보 컴퓨터 본체를 슬쩍 차 보이는

그 깜빡임에 나열된 누에나방의 단단한 고치의
매듭을 풀고 나와 내 노트 위에 알을 쓸어 놓던 날
생명의 각질
껍데기 안에
또 생명을 뉘여 놓였다
깜빡임은 계속 따라 다니고
언어의 한 생명을 나열한다
바보라던 순수한 맥박을 내어놓았다

✱✱
93

당신을 이야기하고 싶다
마음의 변화에 지금 종속하는지
현실, 그것은 내게 없다
늘 극복할 대상으로 내게 있었다
이것을 보라
저것을 보라 내게는 감흥이 없다
현실을 직시하고 있는 것을 그대로 받아들이라는
짧고도 장황해진 조언도
현실은 내게 만만하지 않은 신분을 위장하고 있지만
같이 가거나 할 뿐
뒤처지지 않으려 한다
나의 신분은 현실에서 그저 그뿐이다
현실은 언제나 거기 있게 한다
극복되거나 기다려지는 것으로
지하철을 타는 것도
난전에 앉아 어묵을 먹는 것도
사실상 신분에 속하지만 개의치 않는다

자유로운 영혼
불행한 천재들을 좋아했던 청춘은 물러나고
그들이 평범한 삶에 나타난다
일상의 빛깔을 맡기지 않는다

**94

내가 발견되는 건 언어 속에서 찾아내었을 때였다
이제 가만히 그대의 눈에서
웃음 속에서
또는 예배당에서 사랑의 한 방향을 논의한다
그것이 현실의 중심이다
빛깔과 노래와 이야기와 고대의 언어들
가운데 포집한 내용들
나는 하나님 아래에 있다
그 하나님 안에 있고 싶다
은총의 평화
내가 아무것도 하지 않아서 다가선 거룩함과
무엇을 했음으로 얻은 무게가 달라지는 이것은
별개의 사랑이 아님에도
기도로 기다려지고 있다
아무것도 하지 않아서 얻는 거룩함은
나의 기도이다
그리고 기다려진다
현실에서 나타날 감사함으로
모든 높고 낮음으로 출렁임으로 나와
선율의 가녀린
마음

그리고 울림통이 되는 육신의
휘몰아친 맞바람을 뚫고
당도한
아멘, 아멘
그윽한 인생의 평화에 다다라서 아멘.
지나간 삶의 전원의 이야기다

**95

이 도시의 숲과
또 도시의 빌딩
그곳에서 식사를 한다
병암서원 앞에서 소풍 음식을 먹던
그 축제는 아니지만
우리는 그 풍경 아래 있다

**96

다만 현실에 쫓기고 싶지 않다
나를 받아 준 삶에서 진일보한다
현실이 무섭다고 이야기하며 옆에 앉으려는 이들을
맞이하지 않는다
행복만큼은 현실에 있어야 한다
우울한 텃밭을 가꾸는 그것이 전부인 이들에게서
사랑만큼 아름다운 삶의 행복을 이야기해주고 싶다
수없이 균열된 다리를 건너와
우리의 일상을 주는 "뿡" 기적소리

그 거리로 갈 것이다

97

여자인 여자를 사랑하고 결혼할 참이다
그대의 소리를 들으며
여린 소화 기능을 가진 아이 같이
사람들에게 다 토하여지고 설명되어질 것들에
풀려나다
새들은 알 수 없는 평화로움에 아침을 노래하고
나는 밤의 느낌인 그대로 아침까지 왔다
해가 뜨지 않은 안개에 서울에
혼란하지 않고
부끄럽지 않게
평화를 누리다
그대는 내 사람이 되었고
나의 사람들은 견디어 내었다
모든 하나님이었던
사람들
죽음들
행위들
한 분의 한 분인 하나님만 남으셨다
신축 아파트 단지에
철강을 옮기는 아침은 범같이 포효를 하며 시작한다
아침의 껍질이 그처럼 벗겨나고
희붐한 안개로 밤의 빛깔이 깔린 토요일 아침
사람들의 기억의 문을 닫고
늦은 사랑의 잠에 들었다

98

여자인 여자를 사랑하고 결혼할 참이다

99

그대를 보았었다
한 조각의 언어로 나의 낱말을 찾는 시간
나의 고백에 익은 듯 고개 숙인 나락이삭으로
붉어진 마음의 웃음을 감추지 못하고
열린 마음 문을 보였다
그리고 다른 종류의 보리이삭같이 마음을 걷어 올리느라
반듯하게 빳빳이 선 최종의 결론으로 보인 방식
사랑해
그리고 또 사랑해
음악 안에 묶여서 움직이지 못한
심취된 곡들을 풀어준다
춤과 음악과 영상 저들은 자유를 구가하고
나는 길어야 4분 안팎인 시간이
마음에 모여 따라한다
나의 노래나 그대에게 불러준 노래가 혼동될 때
아직도 내가 그대를 더 사랑해야 한다
모든 자유로움은 순식간에 묶이고
그대는 마음 그곳을 본다
오래도록 한 페이지 뒤에서
나를 본다
온당하게 여기는 마음의 곳을 펴버린

그곳에서 그대를 만나고
나는 자유로움을 회복해간다
혼란한 내 세계를 방임하지 않는 그대는
숨겨둔 마음과
정해 놓지 않는 일과의 방종들
정해 놓은 꿈에 대한 접근과 방식을 의미하는
그대 눈빛은 다가서지 않는 걸음을 걷는
나를 부른다
나의 생각으로 그것들이 분출되어 버린다
순백색의 백합으로
그대 향기가 내 안에 머문다
사랑에 대해선
그대가 나를 사랑하는 것보다
여전히 내가 더 그대를 사랑해야 한다

***
100

나는 내 대답에 친숙하다
현실은 계단을 만들고 나는 익숙하게 오른다
자신 있다고 여기는 삶에는 또는 사상이든
아무도 이 현실에 있지 않다
호응과 나의 사람들
사랑에 자신하는 것
우리를 불 밝혀 본다
또 하나의 착시점
…… …… ……
분산된 본류로부터
파생되어 나오는 법의 변두리

생각의 범주에 관하여
사랑은 열등하다
모든 생물의 파동을 받아들이는 울음으로서
사랑은 열등하다
내용에 있어서
보여져야 하는 하나의 관계이다
보이지 않는 곳에는 영혼을 주고 마음을 주었다
그것이 길이다
길을 잃는 것은 없다
단지 가고자 하는 곳을 가지 못하고 기다릴 뿐이다
사랑 순수한 의도에
밤의 군락을 이룬다
나는 당신의 음성을 따르지 않는다
사랑의 의미로서 그대에게 머무를 뿐이다
실제의 당신의 의미와는 다른
나를 이해한다는 건 또 다른 내용이다
당신은 잠 속에 있을 것이다
누구의 사람도 아닌
내가 더 사랑해야 하는 당신
잃어버린 한 단락을 복구하는 시간
당신을 나를 보고 있을지 모른다
밤의 마음을 가지고 한 눈빛으로
나는 글자 사이를 열어젖히고 사랑을 첨부 또는 기입한다
당신은 현실과 또 다른 촉박한 시간에 있는지도
내 생각은 거기까지만 머무른다
그리고 당신의 기다림 안에 있다
관용과 용서의 언어를 넘어선
당신의 화면을 일그러뜨린 혐오의 냉기
생각과 영의 싸움은 일상의 내용이다

말하지 않는 내용에도
사랑은 또 오랜 기다림이다
밤의 법 변두리였던 시간에 소리들이 뉘여졌다
탈취의 제목들
자신의 형상에 구비된 그곳에서
헛걸음이 될지 모른다
오늘 밤 선풍기 바람이 알맞다
내가 볼 수 없는 눈으로
내가 들을 수 없는 귀로
당신께 향하는 별의 곡선에서 모든 행운을 기억했다

***
101

새벽으로 향하는 시간
나의 언어는 형상을 가지고 출몰한다
상황을 가진 언어를 붙들고 온다
당신은 나의 언어이다
헛된 용어는 유혹하는 아무 내용도 없는 곳에서 주절인다
이곳은 모든 것을 굴절시키는
마음이 있기엔 권할 수 없는 곳에 당도했다
스스로 지켜 온 길을 택했다
그녀도 듣고 그대도 듣는다
여자인 여자 그대를 사랑하고 결혼할 참이다
수없는 변형을 거듭한
부시럭거리며 여겨 준다
아무것도 아닌 의미에 투과된 검은 봉다리
늘 바람의 소리였다
나의 노동이었거나 그것을 깔고 앉았다

합리화의 과정이다
福을 거꾸로 엎었다
전서체일 때만 가능한 읽힘을
반복된 내용을 뜯어먹는다
빈 공간에 깃발을 붙인다
"보기보다 순진한 데가 있어"
그 소리로 숨은 방문을 닫아 걸고
한 질병의 근원이 인간으로부터 침식되어 가는 과정이다
언어를 회피해보지만 다시 만난다
모든 것은 심리의 다른 기반이다
태생의 생태적인 방향에 있다
스스로를 높이고
대립하거나 경쟁 구도를 삼았다
우리의 인격을 표현한다
좋은 건가
키스가 열병을 고독을 표현해 보려 한다
그것은 있어 온
여자와 남자의 몽상에 실현한다.
그리고 현실은 자기 길을 간다
단어를 첨가한다
열려진 침샘으로부터
이윤으로부터 독립하려 한다
참으로 자신을 경제라는 비밀 금고에서 손을 떼려 한다
내게 더 공개적이게
나를 따라 올라간다
되돌아가는 길이 아니라
하늘 아래 해 아래 삶을 편다
당신이었던 나는 노래한다
그대도

일상의 빛깔이 우리를 덮고 그 빛이 된다
감성의
심리는 또 다른 노략물에 기울여 마실 것이다
타인의 감정 그리고 그 언어다
너는 갇힌 곳마다,
내게 오는 길을 당신은 걸어 나갔다
항상 머물 수 없는 목소리가 배회한다
그 위에 멸망이 확실히 작정된 자손의 목소리
명백한 멸망의 작정된 자식에게 내릴 추하디추한 지지자
그 위를 걷고
그는 자신을 찾았다
누구의 목소리인가
부스러기 소리가 모여 삶이란
현실 빛을 띤
이곳에서 분리된다
모든 정제되지 않는 원칙선에서 연구된다
마음이란
볼 수 없는 곳에 있다고 했다
그곳으로 걸어오다
보이지 않는 가현실을 꾸미고
이 사랑의 변주곡으로 가만히 들어본다
낮게 숙여서 들어본다
아무 내용도 아니다
마음 같은 움직임으로 교환된 뜻 없는 것들
여기에 모인 영혼들의 내용을 부어본다
온당하지 않은 역성 혁명을 원했다
본성의 인간 특유의 냄새를 풍기고 있다
경제적 이윤의 타당성이 그토록 오래 군림한다
군대와 그 색채가 남아 침전되어 있다

법의 변두리
사랑의 내용도 변두리선에 있다
한중심이 기울어 버린
애비 없는 이 스스로가 키워낸
저들의 키워드
구호 아래 운집한다
타락된 모든 생존체의 고등된 의식으로 기반하여 숨는다
그곳에서 소리들이 새어 나온다
사랑, 어디에도 있는 그 관계를 암암리로 나누다
그 형상은 더러운 영이다
모든 이가 마음으로 받은
그 이름 앞에 생존하려 한다
가설과 역성혁명의 본질은 아비에 대한 학대의 언어이다
그 한마디로 돌아누운
말들을 받아 옮긴다
반사회적인 의식 체제를 가지고 있다
인격체라 높여 쓰지만 인격이 없다
내가 당신을 더 사랑해야겠다고 하지만
실제로는 그대가 나를 더 사랑하고 있다
선뜻이 나서지 못한 채
한동안
내 안에 머물러 있다
누구에게도 못 느낀 여자인 여자의
마음과 정신과 나로부터의 남자로 나타내는
하나 되는 육신은 그대의 이름 대신
아득히 거머쥘 듯이 사라지는
처녀, 총각 사이가 아닌
맺어진 관계로 부른다
음악으로

우리는 악기가 되어 연주된다
꿈으로부터 분리된 채
깨어 나와 우화의 과정처럼
나는 내 껍질을 뚫고 두 동강 난 육신의 틈새로 나와
비상할 사랑을 안은 꿈을 꾼다
그럼에도
당신이 먼저 날아와 향기를 주고
혼인 색을 띤
사투리의 물고기
'피리' 빛으로 변해온다
입김으로, 말소리로
내가 당신을 더 사랑한다지만 사실은
먼저이고 당신이 나를 더 사랑한다

***
102

당신의 이름은
당신의 말소리고 도드라진 입술이고
향취가 나는 그대 몸매에서 부르는
눈빛이다
밝았다 어두웠다 하는 묘한 빛깔이 되기도 하고
잊은 듯이 살고
제멋대로인 나를 쏘아 붙인다
너무나 많은 것으로부터 약간의 혼란이었다고
생각하지만 그대는 내가 본 약점의 생각들을 정정했다
그리고 더 복잡한 모습으로 내 생각을 듣는다
내가 생각하는 당신은 아름답다
여자인 여자에게 남자인 남자가 된

그럼에도 창 끝 같은 마음이 무디어질까
그 창으로 나도 찔리우고 그대의 상처를 내는
아직은 나이만큼 내게는 모르게 사랑이다
사랑
여전히 사랑한다면서
그녀에게 어떤 상태임에도 나타나야 할 남자의 성징은
마취에 깨인 얼떨떨함이 계속되었다
아무것도 아닌 상태에 놓여진 거리에서
아무도 아닌 사람으로 운집한 관심 아래
내 모습 따윈
그대를 내 안에 밝혀내어야 할 뿐임으로
더욱 몰입하려 한다
마취의 기운은
당신과 나를 덮었던 사랑의 보호막이었는지
우리는 이 세계 한 관심사
모양이나 눈동자
말투
이 모두가 한 가지다
모든 마취의 기운이 내부로 옮겨간다
여전히 그대를 사랑해
내가 조금 더 사랑해야 할 마음으로서
당신을 느끼고
현실의
그리고 현실의 꿈 조각들을
내가 가진 것들
그리고 당신을 노래하는 것뿐
당신과 나를 마취했던 기운은 참으로 대단하다
이 시간,
하나님 다음으로서

나를 아는 당신
그런 나는 알 수 없다
당신을
그렇다고 전부 자유를 준 것은 아니다
'때려 치워 버려라' 알 수 없는 마음의 간격을
좁히지 못할 때 다가온 당신은 처음처럼
내 마음도 속고 나도 속은 채 생각이 떠올려졌다
내가 더 사랑해야 할 여자인 여자
마취의 기운은 얼굴을 따끔거리며 주위를 맴돈다
또 다른 세계에 당신은 내 여자로 지켜지고 있어야 한다
사랑은 마음의 부추김의 연속이며
비난의 대상이다
사랑은 또 하나의 세계가 가진 형상이다
길로서 유도된다고 해도
사랑한다는 것은 육신의 임의만 따르지 않는다
이 단락은 당신 이야기였다
사고의 한계를 보듯 얼마나 관대하고
하나 밖에 없다 하고 그 길에 유혹 당하는지
눈물을 감추인 형상의 의도라 한다
그것을 무시하라지만
알뜰히 지키고
사랑이 내 임의에 닿도록 물꼬를 튼다
세상의 새로운 존재로
사상의 그리고 생활의 부분으로 나타낸 부류들이
기생하는 영역을 넓히고
숙주의 우선 대상을 선점하려 한다
그 포위망으로 팽창하고 언어의 전달 과정을 습득한다
첫 글자의
그대 이름이나 나의 이름은 없다

내 생각이고
내 생활 테두리 안인데도
생각의 영역은 무한이라 탈취하여 자기 제목을 삼고
내 여자, 사랑에 접근한다
사고의 세계는 굴절의 연속이다
모든 왜곡된 한 방편이다
한계에 이르는 온도에 굽혀지는 철강이나
그 현란한 압력에 휘어진다
우리는 그 세계를 변명하지 않는다
몇 삶이 가진 일단의 증후군이나 병반의 잎새의 흔적으로
나와 다를지도 모른다
스스로 찾아 나선 새로운 길일지도
마취가 가득한 세상에 홀로 서 있다
사랑과 나
탈취자의 형체와 목소리가 현실에
안착하고 군림하려는
저들은 저 모양으로 끝이다
죽어가기까지 용서의 배후가 아니라 지목된 채
모든 세계가 하나가 아닌
둘 또는 그 이상이라도
삶은 그 안에 있다
형상을 가진 채…
음성이 표현되지 않는 생각의 단위로 들린다
저들의 보충되고 현실의 한 바닥으로 내려와 있다
그럼에도 여전히
여자인 여자 그대를 사랑하고 결혼할 참이다
가만히 물어 본다 (그대 이름은)
사람을 평가하기를 우리는 먼저 있었던 사람들
그 길을 따르고 있다

새롭거나 자신의 길이 아닌
어제의 사람들이 다녀간 자욱들 위에 겹쳐진
思考로 이동한다
내가 그곳에서는 유일하고 단일한 색채를 갖는다
그렇다고 신은 아니다
사랑의 관계로 나타낼
현실과 현실과의 차이는 思考와 일치한 언행이 되어 갈 수 있다
종종 현실에서 나의 모습을 반격
또는 역전된 모습의 세계라
그대에게는 자유로움이 주는 쾌감일 수 있다
그래서 서로에게 도취되도록
각자에게 버릴 만큼의 몫으로 버려진다
아니면 모든 혼란의 도가니다
내가 이 길을 안내했는지는 모른다
그러나 내 길은 아니다
현실에 비춰진 자신으로부터 자유롭지 못한
과거의 사람이 지닌 구습의 형태를 반복해낸다
그뿐 아니라
그것을 성취라 여기며 정신의 포만으로 이으려 했다
세계 안, 여기서는 당신은 내 것이라야 한다
끊임없이 출몰한 게임의 캐릭터에 빠지는 것이 아니라,
그것이 함몰된 현실의 세계의 도달이기 때문이다
당신과 나는 현실에 완벽히 맞물린 것은 아니다
그럼에도 현실에 구성된 나열적이고도 긴 이야기다
그대와 나
현실을 어떻게 복구할까
타인에게 양도된 삶의 목소리로 닮아가는
그대에게 바라는 건
서로가 앞의 길을 따라가지 않으면 된다

새로운 세대조차
그 길에 얹히거나 할 때
외면하고 이어폰으로 현실의 이야기를 잇는다
당신은 조금의 변형으로 정지한다
구습의 태도에서 정신으로 표현되는 한 세계에서
그래서 당신을 본다
현실에서 정지시키고자 했던 것을 눈으로 읽어 본다
당신만이 내게 긴 이야기고 노래이다
행복이 머물러야 할 여자인 여자
나를 위하여 기도하는 이들에게 있어야 할 평화
이것은 그리 긴 이야기가 아니다
깨어나면 꿈같은 허무함에 매료되려 한다
거기 머물면 되는 삶의 각도를 옮기지 말라
사랑
긴 이야기다
행위가 아닌 思考와 정신으로 된 영역은
그리고 안내자들로 보이는 그들은
이 일에 종사한다.
일생을 한계점에 도달한 기형으로 표시할 수 없는 한계점에서
지식을 갈구하면서 포집하는
대상을 고려한다
어디에 있든 정신은 본래의 빛깔
삶의 각도를 옮기지 말라
내게 붙여 오는 말도 의미 없는
장황하기 그지없는 부추김이다
지식을 소멸시키는 것은 안타까운 일이다
장래에 가서는 아무것도 생성되지 않기 때문이다
사랑도
여기서 내 안에 머물러야 한다

흩날리는 나비의 걸음도 분명한 목적의 설정이 있는
우연한 꽃과 꽃들의 만남이 아니라
정해진 꽃을 찾아가는 춤의 형태다
아무 새들이나 곤충도 방해하거나 위해하지 않는다
나비가 되었기 때문이다
각자가 선택한 이름 아래 놓인 길을 찾는다
그것을 숨긴 언어로 대신하려고,
삶의 방향을 꺾는 것이 아니라
말의 방향을 마모시킨다
갈증으로 자주 반복해야 한다
신종의 신인류가 도달한 구체화된 생명의 함정으로 유인된다
삶을 오래도록 영위해야 한다
시간이 주는 감각으로서 다가가는 것이 아니라
본래의 시간이 항존한다
끝없이 이어져 앞과 뒤가 불분명해지고
뒤바뀐 채로 이 행렬을 잇고자 한다
여기에 당신이 내 앞에 있는 것 같다
작은 표현이 된 정신의 꾸러미들의 당신을 본다
당신은 여전히 당신 이름으로 된
내 사랑을 찾는다
그리고 삶을 구획하여 확정 지으려 한다.
"사랑해"
나의 웃음을 짓게 하는 가벼운 비웃음은 숨겨진
언어로 내게 넘겨준다
모든 관용을 받아들인 나의
기다림 뒤의 끝난 휴가
머리를 자르고 이국의 여인이 되었다.
아랍의 눈매
편치 않았을 휴가는 나를 안 만큼의

시간이었다는 사실들
유튜브에 모아둔 음원들에 비친 모습 그대로
내 앞에 앉았다
나를 사랑하고
또 내가 사랑한 여인의 모습
이 사랑에
이어간다.
그대 음성으로 채워지고
그대 모습으로 채워질
삶의 방편에 유일한 내 편인 사람
유일하게 내가 잘되는 것을 좋아할 뿐 아니라
앞으로 되어야 할 삶의 사건에 나타나 힘을 싣는다
더욱이 무엇이 그토록 너야 하는가의
나에 대한 관심사이다
익숙해지지 않도록 출렁이고 한없이 흔든다
그런 나는 당신이다
이 밤 현실로서 당신을 찾는 것은
사랑
그리고 "사랑해"
마음(거기에 당신이 들었다)
또 다른 현실로 남겨진 그대는
나의 유튜브를 때려 부수었다
나도 너도 없는 깜깜이로 만들었다
당신께로 가야 하는 마음에 앉은 채로
"사랑해"
그 이야기를 다시 들려준다
나의 존재 앞에 긴 숨을 품어낸다
이 밤 평화 가득한
그대 눈가에 웃음 자욱 살풋한 평화를

사랑이 길을 잃지 않는

✱✱✱
103

닮았다
龜도 닮았다
마음도
사랑도 닮았다.
참 많이 닮았다
나의 방향을 가로질러 나타나는
여자인 여자를 사랑하고 결혼할 참이다
사람을 다 압니까
마음을 대신해서 나만 아는 게 아니고
내게 나타나신 감사함에도
물어보고 싶은 마음의 세상
내가 아는 것은
또 알아가는 것은
풍선에 바람 불어 넣는 것과 같아서
혹시라도
한쪽 작게 부풀어 오른 방향의 터를 잡고
그것으로 이야기하고 있는
아주 오랠 적에
나를 다 아시는 하나님
철저하게,
사람들을 다 아십니까
나를 기준 삼으신 것이 아니라
인생의 하나님
충혈된 육신으로 불을 켜고 사랑을 묻습니다

나의 인생의 길도 아십니까
그 길로 인도되고 있습니까
내 사랑의 여인도 아십니까
연륜의 한 노인의 현인이 아니신
전능하신 여호와 하나님.
내가 부르던 엘리야의 그 하나님
나의 하나님
사랑의 이야기를 들어 주소서
모두가 길거리에
혹은 모퉁이 방에서 내 사랑을 듣습니다
돌출되어 방바닥으로 기어 다니는 바퀴벌레의 음성으로
사랑을 표현하리라는 사악한 영혼은
먼저 떼어갑니다 저들 몫이 이 사랑에 포함된 듯
세상에서 현자가 하나님이 된 연륜과 바뀌어지는
전능의 하나님 여호와 나의 아버지
저들의 이름을 오늘 지우소서
하나님의 이름으로 된 자들도 오늘 밤 지우소서
모든 삶에 주실 평화의 몸에서 제하소서
나를 아시는 하나님의 은혜
그 가까이 한 분의 생기, 호흡의…
하나님은 나의 편
하나님은 나의 편이 되셨다.
오래전에
그리고 하나님을 알아간다
처음 사랑이셨던 하나님의 사랑이 고요히
내 사랑이 되어 머물다
내게 나타난 하나님
다르게 각각의 모습에서
영존 그리고 전능하신 하나님을 내재적인 만남

보이는 것
들리는 것에 의존하려 하지 않는 건
인격의 하나님이 살아 계심으로 내 안에

***
104

사랑
오늘도 그 편에서다
내게 말을 귀엣말로 전한 그녀의 아침
그리고 내 사랑의 침묵된 아침의 기슭에 있다
사랑
다시 나타난 그윽한 평화
이슬비의 새벽에 새들이 노래하다
그녀가 간절히 자기의 사람으로 원하듯
나도 그렇게
내가 조금 더 사랑하기를
믿음을 구현하리란 외침과 물음이 적혔고
그 형벌을 나열하였다
인격이 뒤바뀌려는 순간마다 하나님이 보시다
또는 삶의 방향이 정한 대로 이르기를 또 보시다
이미 나를 훈련한 영역 안에 놓으신
오래전 비밀스런 고난의 외침에 숨죽인
글로 나타나
물어본 나의 하나님의 마음
또는 그녀를 사랑하실지
나만큼이나 정신으로 맴돌다
쾌락의 하나 된 어렵게 다시 묻는 마음
내게 주시는 고요를 얹으셨다

그녀는 내 이름 안에 있다.
나도 그 이름 안에 들어갔다
"사랑해" 나의 말인데도 쌍따옴표를 붙였다.
쌍따옴표라는 글자 아래 붉은 표시가 된다.
요사이는 무슨 표시로 읽는지
(큰따옴표)
말이 변했다
사랑은 어렵지만 " "표이다
사랑해
그것을 벗고 나온 알몸의 사랑해
아주 편안히 그대에게 뉘어진다
다시 그대에게 들리도록
"사랑해"

105

나의 이름을 모르는가
타인의 영역에서 헤매는 그녀는
아주 작은 미풍이다
선풍기 바람에 날려가지 않는 내 여자
내 얼굴 방향으로 주시되는 여자
흩날리는 꽃의 향기
내게 다가온 폐부 깊숙이 들이마실 그대
향기롭다

***
106

오늘
장황해지거나 내게 불리한 것과
복잡해지는 것이 싫다
그냥
그대인 것이 좋을 뿐이다
그렇게 되면 그대에게 가는 길을 잃을 것 같다
그대에게 나아가는 길을 잃으면
그대에게 머무르는 길을 찾지 못하면
나는 아무것도 아니게 된다
그런 그대도 나를 찾는 길을 마음에서 주저하지 않는다
서로가 사랑을 잃고 헤매어 보았다
무엇이 대신 되고
누가 대신하였지만
그대에게 돌아와 머문다
모든 정신을 잃고 여인에게 반한
육체의 아들들이 된 신화
나를 육체의 봄 기슭에 도롱뇽의 긴 자루 알을
아이들 소리를 담아 봄볕에 내어 놓았다

***
107

거기서 비상하라는 소리를 내게 듣는다
그리고 다시
율법과 증거의 궤. 절기에 이르기까지 회복한다
하나님의 은혜

사람의 글에 따온 옆구리에 기대 선 모양
또는 인류가 두 발로 선 흔들림의 모양
그것은 아이가 처음 일어선
그리고 무섭도록 내리누르는 무게를 딛고 선 첫 자취
정신으로서 자유하리라는 성인
고급의 지식
양질의 문화
이런 것들이 단숨에 뛰어올라 부정했다.
두 번째 첫째 줄을 선호한다
(.....아직은 몇 살일까
까발겨진 세속의 입맞춤으로 안겨드는...
그럼에도 끝없는 신들과의....
나체를 가린 신들.....
그 앞에 지나다 한 과거로서)

***
108

창조의 순간을 지나
국민의 무리들만 가진 모세
광야에서 기록한 안식의 기념을 필사한다
창조 그 율법

***
109

(사랑이 완성임에도 실제의 모습은
그녀는 잠의 의식에서 깨어나
꿩의 목처럼 빼어서 내다본다
갈 길이 멀어 보이는데도

이미 다 보이는 것과
나를 보는 눈과의 있음을 살피는
아무도 없었다
다행이라 한다
그녀는 나의 여자다
어둔 관계에서 불 밝힌 음성
사랑이 우리에게 관한 미성숙한
그리고 관례에 따라서 처녀의 숨김
이미 다 밝힌 듯 우리를 어둡게 하여
빛을 찾는 건
불완전한 당신의 빛이 되어간다
나의 당신은 빛임에도 흔들리는 불빛 같다
당신은 나를 찾는다)

***
110

마음의 세계에서 항상 나는 그를 보아야 한다
그리고 지켜가기가 얼마나 어려운가를
내 이름을 그 반대의 입속에서 나오게 했다.
나를 삼키려 했던
자기 이름을
끝내 포기하고 내 이름을 부른다
마지막 나의 여인을 넘보려 한다
자기 세계를 고의로 잃어버린
술 취한 듯 중얼거린다
잠이 사라지는 의식에서 뒹굴어진다
모든 악의 배후
거기서 자란 뿌리는 뽑혔고

나의 이름을 중얼거린다
의식의 눈은 감겨진다
나를 대항하던 긴 터널을 그는 다시 들어간다
본래 있던 곳으로

***
111

밤
불 밝힌
나와 당신의 육신 안에 투과된다
가장 아름다운 빛깔로 옆구리에서 나온다
그리고 기댄다
손이 없는 두 개의 선은
그토록 말하던 사람이다
이윽고 손이 나오고 입을 가진 머리도
언어로 표시한다
두 개의 선으로
나를 닮은 질투의 눈
내가 당신을 충분히 보지 못했다
어제는
그대가 나를 보았으리라 믿었다
약한 목소리로 나를 찾는다
분간하기 어려운 말의 형체를 가지고
나는 다른 언어를 붙들고 있었다
모든 관용의 일반적인 것에 떠나
빗댄 사랑을 흉내낸다
사랑을 지켜나간다는 건 어렵다
마음의 실재인 세계를 다루는 밤낮 구분 없이.

충분히 그대를 보아 두어야 한다
사람들 말은 그게 아니라서 금방 어제가 되고
의미 없는 뜻으로 바뀐다

***
112

사랑해
충분히 말을 들어 두어야 한다
당신의 밤이 되기 위하여
여자인 여자 당신을 사랑하고 결혼할 참이다

***
113

때론 도시에 내려서서
시골 말을 모아 들었다.
콩 한쪽 사람하나를 간단히 보지 말라는
어떤 방법
어떤 생각
그것들을 걸러내어 가는 과정을 보는 순간의 말들,
하나의 수고로움을 거치지 않으려는
잡다한 사고의 엉킴과
타인으로부터 얻으려는 획득
그러므로 무시하였다.
고등한 동물이 되어가는 허물 벗음
모든 관심이 삭감되었다
새로운 세대
새로운 시대는 분명하지만

옛 말씀에서 유리되었다
아직도 콩 한쪽이 되어보려는 나의…
수고로움
당신을 닮으려는 수없이 오름에도 미끄러진 자리
내게 휘파람을 부는 소녀에게 답장을 쓰다.
콩 한쪽과 한 사람의

***
114

모든 지식이 자유를 줄 수 없을 때
진리가 너희를 자유하리라
지식은 끊임없이 샘을 판다
한 조각의 사금 빛을 얻으려는 것이 아니라
추구하려는 맑은 생수를
모든 길에 나온 뭇 사람에게
진리만이 너희를 자유하게 하리라
오늘도 사랑 노래를 하자
그대를 보는 마음으로 노래를 부른다
그대의 노래를 부른다
이미 세상에 있던 노래이며 누구로부터 있었던 노래
오백구십구일 만에 있는 하루의 마음이 된
둘이는 그 노래를 부르고 그 한 노래를 듣는다
정신이 되었던 오랜 이야기인 사람의

✱✱✱
115

나의 노래에 일말의 여지를 남겨둔다.
내일을 연결시키기 위해
프린트기는 악을 쓰는 듯이 언어를 뱉어낸다
그러나 언어는 해변이다
파도에 휩쓸리다 제자리로 돌아오는
모래알이다
씻기고 또 씻긴
그녀의 눈빛을 닮았다

✱✱✱
116

(창문에 기대어 수수께끼 같은 불빛 벽화를 읽고 웃는다
모퉁이를 돌아오는 맑은 헤드라이트 무리들
35°C의 온도를 지키다가
열 시에 퇴근해 오는 무리들
'수고하셨습니다'
먹고사는 일을 하느라
한결같이
또 먹고 살아가는 길을 만드느라)
아침, 분주히 정차해 있는 중앙에 머문 출근길에도
여전히 꿈은 잃었을지 몰라도
삶을 잃지 않는 끄트머리를 잡고
대열에 합류하다
임금의 좋은 소식임에도 서로가 뒤숭숭한 하루길
서울을 우리가 잃었을 때 정적의 겨울

우리가 다시 찾은 서울은
철강 옮기는 소리로 이웃을 넘었다
일상의 소음이 커가는 아침
다시 일어선 마음 아팠던 사람들
서울 밖에 있는지 모른다
우리의 모든 걸음에 만날 수 있게 가까이 있다
CCM 찬양이 들리는 아침
무겁든지 또는 가볍든지
항상 현실에 무게를 따르는 추가 매달린다
정직과 이윤같이 상호 간의 저울질이 계속된다
좀 더 나은 생각의 생활은
겸손과 검소함으로 옮겼다
사랑 이야기에 출몰한 그대와 나의 시각을 맞추는
우리의 생각의 이야기가 공유된다
학생이 직업인 건강하기를 바라는 나라 이야기
그래서 나는 詩를 쓴다
하나님도 함께 그리고 나의 사랑하는 사람과 사람들
서울 아침을 메운다

***
117

나는 당신을 행복과 기쁨으로 여긴다
당신은 나를 기쁨으로 여긴다
감사하게도
당신은 나를 본다
아무것도 하지 않는 것을 보아 줄 만큼만 보아 준다
당신 마음이 내가 자랑거리인 것은
내가 당신을 사랑해서가 아니라

당신이 나를 더 사랑해서이다
내가 당신의 눈을 기억했다

*** 118

「꿈을 꾸었소
당신께 찾아가는 용사의 모습으로
언덕은 길 없는 산
당신은 그 높은 곳에 있었소
그 길에 단련된 사람이라 나무뿌리를 잡고 올랐소
당신은 고향 말로 어미 새처럼 독려하고
난 그곳에 오르고 당신을 만났소
내 기도가 가장 낮은 당신의 거처에서 올려졌소
사랑해
나의 결혼을 위한 가장 아름답고
내 용기가 발산한
꿈을 꾸었소
당신의 말소리가 내 품 안에 있소」
지금도
'사랑해'

우리식 글씨가 아니다
반대로 읽어야 한다 그래도 아하브
사랑이다
우리 사랑도 꿈의 아주 오랜 사람들의 모습이었다
거꾸로 쓴 히브리어도 어울린다
나는 꿈을 잡았다.
그녀는 나를 보아서 마음 아파 졸이고

나는 볼 수 없어서 믿는다
순수 하늘빛 한지표의 만남의 길을 튼다
때에 따라 아무것도 아니지만
때에 따라 생명 같은 마주함이다
꿈은 사실로부터 분리되지 않는다
그리고 사실들을 보충한다
한 관심사를 수없는 과정에서
유일하게 꿈으로 열어줄 때가 있다
내가 나와 있는 길에서 그대를 꿈은 소멸시키기도 한다

***
119

은총
그 한없는 내용의 말씀이 잊어버린 꿈 안에 있다.
더는 생각하지 않아도 될
모든 마음의 교차점
때로는 현재가 되고
또는 과거의 형상을 꾸며 주기도 하고
미래를 안착하게 한다.
모든 과정을 여과시켜서 나타나는 용어를
헐벗고 또는 외롭게 도달한다.
누구를 움켜잡은 채로 살아가는 내용 없는 옆집들의 주절들
모든 속임은 마음에 있다 한다.
하지만 그 마음 때문에 산다
사랑도
삶도
마음이 공급하는 사랑은
당신을 다 몰라서가 아니라

그저 한없는 부끄러움을 딛고 있는 몰락이 아니라
연민으로 돌아설 수 없는 은총에 있다.
그대를 보면 한없는 생각에 잠긴다
이 밤
이 새벽
유리되지 않는 마음에 아직 그대가 있다
모두가 허접한 내용으로 채워진 행동들의 일상
그 양상이 부추겨지고
일상화되었다
내용들은 껍질이 벗긴 채 유리되었다고 결정한다
그리고 다시는 사용할 수 없을 정도로 파쇄되었다고 여긴다
하찮은 처용무의 배경 따위
악의 악이 되어 나를 배회했다
한때 꿈의 組織들은 술래 안에 맴돌고 結晶된 가락 안에 있다
그 내용은 사실이고 진심 같이 보인다
내용을 잃어버린 헤매임이다
자신에게 없어서 양도했거나 양수받는 관계 안에서 전락한다
실존에 뭉개진 꿈들 위에 인생을 펼쳤다
더는 인생이 놓여질 자리를 찾지 못했다
급경사 아래 무동력의 추진체를 달고 있다
관성의 연락들이 뒤엉킨 채 유리하다가
독립체로 오인하게 한다
거기 환호성을 보낸다
타인에게 투시되고 투과된 눈썰미를 거두지 못한다
착시된 채로 내달린다
두 개의 기둥으로 투과된 채로 조작되는 생각
상실된 꿈 위에 매워진
나의 연못들
나비와 물고기와 아이가 있던

메마른 기계적인 그들은 메커니즘이라 부르길 거부한다
옛적에
이어폰을 귀에 달고 조작된 일단의 무리들이다
차례를 기다리는

***
120

나의 사람들은 행길로 나와서 돌아간다
나의 일까지 정리하고 내일 일까지 당긴다
나를 사랑하는 것은
사랑하는 자격으로 논하는 것이 아니라
그저 사랑해서이다
모든 방향이 바뀌어도 등대 빛이기를 원했다
사랑을 잃고 또 잃어도
간절한 더 기다림을 원했다
뒷모습을 보이지 않을 때도 있다
지치지 않는 일 더미
행복의 저녁 늦은 별빛을 보고
나의 눈과 마주하여 지나간다
초기의 모습이 그대로 있는 나의 시각을 돌려준다
참으로 사랑해서일까
참으로 사랑하는 자격일까
모든 결정 앞에 놓인 물음에
사랑을 사랑한다이다 여전히 오늘도 변함없이
달이 지는 자리도 아니고
해가 뜨는 곳도 아니다
뇌우가 지나간 잔영으로 비춘다
복사꽃 입술을

사랑한다 여전히
달도 별도 없는 빈자리에서 그대를 묻는다
빛의 새긴 조각으로

***
121

저들은 한패를 버리고 한패를 선택한다
도박의 일련의 행위들로
버린 것들이 얼마나 아래 어둠에 묻혀들고
선택한 것들은 얼마나 높이 올라서 저들의 광명의 빛이 되는지
멸시된 인격이 경쟁하는
알 수 없다 서글픔을

***
122

사랑이 여전히 수단이나 목적이 되어서
미끼처럼 언어로 물고는 탈취하는 형상을 한다
절대로 이용의 중심부를 떠나지 못하는
비 독립체이다
언어로 칭칭 감고 행위로 동이고
정신의 값을 죄로 매겨 올린다
육체보다 상향한
그리고 거리낌 없이 육체를 조작한다
파멸의 단위인데도 거기 머문다.
정신은 생각이라서 바람같이 날아간다
사랑이 새겨지고
죄가 기억되는

그 거처에 수없이 숫자로 나열된 罪賈를 던져 넣는다
이제 그런 모양을 아침이 밝힌다
늦은 비 내리는 날
영혼은 은총으로 자유하다
그 무엇도 아닌
나를 더 사랑한 사랑 때문이다
나를 위한 무수한 주검 위에 자유하게 하는 죽음이
나를 사랑한 그 은총이 마음의 빛으로
내 영혼 가득히
또는 비같이 젖는다

***
123

임의의 번역사들의 행동거지에 아침소릴 들었다
언어의 관찰자는
생각을 열어서 그들의 그어진 뇌 속을 본다

***
124

흠이 있는 몸
흠이 있는 마음, 상처
그것 때문에 완전한 상태에 이를 수 없다고 본다
상처뿐인 옆구리 그리고 손과 발의 못자국
처절히 죽음의 경계를 넘으신 주로 내게 나타나신
구원의 주로
우리의 흠이 한때는 마음의 경계를 넘어서 허물고
육체의 경계를 넘어 삶을 놓아 보지 않았던

이 경이로움 앞에 자신 없어 한다
하나님이 나를 받으시어 흠 없다 하신
나의 삶을 드린다
한때는 잠 못 들게 귀에 우린 고통의 맥박
한때는 휩쓸린 인격 안에 아무것도 나타나지 않는
그림자마저 소멸한 생명으로
거리에 서다
그 거리로 지나 우회하여 발견한 상점들
사람들
교회 그리고 신학교
종말의 어두운 하늘빛을 벗어나 그토록 바라던 하늘을 찾았다
별이 다시 생성된 하늘과도 이어주다
나의 이야기엔 근심한
여자인 여자를 사랑하고 결혼할 작정이다

***
125

한 단어를 외울 때
일주일 혹은 한 달이 걸려도 실망하지 않아야 한다
설혹 시빗거리가 되고
사람들 앞에 놀림이 되어도
그 길은 본래 그렇다
내가 자랑할 수 있는 것은 더욱 그럴지도 모른다
나의 당신이 나타나는 이름 앞에
외움이 되었다
무수한 사람들 속의
오랜 시간 속에
한 이름이 사랑으로 외움이 되었다

금세 사라지는 빛이라고는 없다
겨울 시린 하늘가 홀로 밝히는 달빛
흰 눈빛을 밤새 걸어 새벽에 당도한다
나의 늦은 시간에도 달이 있다
달은 여자이다
여자인 여자를 사랑하고 결혼할 작정이다

***
126

남자는 뭘까
까까머리 운동회를 마칠 쯤 은행나무 아래
동네를 대표한 웃통을 벗어 던지고 한판 붙자는
그 모인 무리 속에 싸여
경찰이 나타난 마지못한 끌려나감에
혼자 서서히 막걸리 잔에 둘러앉던
오랜…
이제 나를 닮거나 닮지 않거나
그 속에 산다
남자가 되어 간다는 것이
숨어 들지 않는
옛 모습을 회상하게 한다
당신의 남자의 남자인 나는?
그날 나를 싣던 완행버스의 혼 소리가 들렸다
많은 이들이 삶의 방법을 달리하고
나는 전선에 목을 감아 보았지만
죽는 방법을 몰랐다
모든 것이 파괴되고 없는 줄 알았지
서울을 모르는 방향에서 서울의 걸음을 걷고

끝내 도착했다
약속이 있는 땅으로
새벽기도에 차 시간을 맞춰 시계를 보다
바삐 시간이 되어서 나왔는데
다시 10분 뒤로 물러나 있었다
내 삶에 풍족한 삶으로 주실 생명
모든 것이 회복되었다는 하나님의 은유의 뜻
나를 히스기야의 곳간을 연자라고
놀리던 자들에게
더 할 말이 없는 입막음
내 사랑 당신에게도
믿음의 모든 부정적인 모습이 물러난 아침

***
127

당신은 목숨을 내 우위에 둔다
사랑을 택한 환상이 보였다
의미도 모를 그리고 풀지 못하던 것이
사랑은 서로에게 목숨을 걸 만한 시작점
그리고 위대한 결론의 종착점까지
당신은 내 우위에 있다
참매미 소리로 가득히 열린 아파트 숲
그 사잇길로 돌아온
아멘
아멘

128

순백의 걸음으로 내 옆에 설 때
하얀 비둘기 한 마리
어린이 공원 아파트 숲 위를 가로질러 날았다
당신은 나의 이름이다
그 위에 내 이름이 포개진다
당신은 내 이름을 가졌다
파랑새가 머문다
나의 삶터 위에
또 당신과 당신 사이의 즐겨찾기 추가된 모음
사이에 비집고 들어가
그 나래를 펴고
붉은 입술로 노래하여 주다

2017. 5